SIGNETS

BELLES LETTRES

Collection dirigée
par
Laure de Chantal

PARANORMALE ANTIQUITÉ

La mort et ses démons
en Grèce et à Rome

PARANORMALE ANTIQUITÉ

La mort et ses démons en Grèce et à Rome

Précédé

d'un entretien avec Antonio Stramaglia

Textes réunis et présentés

par

Catherine Schneider

LES BELLES LETTRES

2011

© 2011, Société d'édition Les Belles Lettres
95, bd Raspail 75006 Paris

www.lesbelleslettres.com

ISBN : 978-2-251-03014-2
ISSN : 0003-181X

ENTRETIEN
AVEC ANTONIO STRAMAGLIA

Propos recueillis et traduits par Catherine Schneider

Chercheur de renommée internationale, Antonio Stramaglia est professeur à l'université de Cassino, en Italie. Il a publié de très nombreux travaux qui font autorité sur la « littérature de l'irrationnel » dans l'Antiquité classique, s'imposant comme l'un des tout meilleurs spécialistes du genre.

CATHERINE SCHNEIDER. – Professeur Stramaglia, vous côtoyez depuis près de vingt ans les « évadés des ténèbres » dans vos travaux scientifiques. Pourquoi cet intérêt ?

ANTONIO STRAMAGLIA. – Étudier la littérature fantastique avec des méthodes scientifiques revient un peu à affronter l'irrationnel avec les armes de la rationalité : un défi paradoxal, mais seulement en apparence, et tout à fait passionnant à mes yeux.

C. S. – « Fantômes » et « fantasmes » : les deux termes partagent la même racine étymologique, le grec phantasma, « apparition ». Tous les fantômes ne seraient-ils donc que des fantasmes aux yeux des Anciens ?

A. S. – Absolument pas ! La perception du fantastique comportait (et comporte encore aujourd'hui, pour nous autres modernes) une bonne dose de subjectivité. Certains apercevaient des spectres redoutables, là où d'autres ne voyaient que de pures fantasmagories et d'autres encore l'image chérie d'un proche, de passage parmi les vivants, pour les revoir. Un déclamateur latin écrivait très bien, à propos d'un cas de ce genre : « Les morts qui nous font peur sont forcément les morts des autres. »

C. S. – Dans les textes antiques, les spectres et les démons sont en général plus grands que nature, souvent noirs et hirsutes. Existe-t-il des représentations de ces créatures dans l'art antique ?

A. S. – La représentation de démons plus ou moins effrayants est un trait commun à bien des civilisations anciennes. Il existait, par exemple, dans le monde classique un tableau très célèbre du peintre Polygnote, *Le Monde des morts*, visible à Delphes. Pausanias nous le décrit en détail, en s'attardant sur ses reproductions de monstres infernaux. Comme le dit J. Z. Smith[1], le « démoniaque » est quelque chose qui se définit dans le monde ancien non pas « en soi », mais « par rapport à ». Les créatures surnaturelles sont généralement « sous- » ou « surdéterminées » par rapport au canon idéal de la « normalité ». C'est particulièrement vrai des fantômes : dans les sources iconographiques, ils apparaissent parfois comme des spectres de taille supérieure aux humains, mais ils sont aussi souvent représentés comme des figurines miniaturisées, reproduisant l'aspect que le défunt avait de son vivant, mais sous une forme plus floue et indéfinie.

C. S. – Contrairement à ce que l'on pourrait imaginer, les défunts ne sont pas très discrets. Ils font du bruit et ont souvent la langue bien pendue. Vous qui avez beaucoup travaillé sur ce sujet, pouvez-vous nous en dire un mot ?

A. S. – Dans les textes antiques, les morts « vivent » dans la mesure où ils entrent en interaction avec les

---

1. Les références aux auteurs modernes cités figurent dans la section « Pour aller plus loin » du présent volume.

vivants : pour ce faire, ils doivent évidemment utiliser les canaux sensoriels des vivants eux-mêmes. L'élément vocal est donc particulièrement important dans les histoires de fantômes. Là aussi, ils sont « sous- » ou « surdimensionnés » par rapport au « standard » humain : beaucoup de spectres crient, d'autres se taisent, d'autres encore émettent un murmure plaintif – bien plus inquiétant que n'importe quel cri !

C. S. – *Le titre de l'ouvrage,* Paranormale Antiquité, *est un clin d'œil au film* Paranormal activity. *En quoi, l'activité des défunts est-elle « paranormale » ?*

A. S. – En général, les spectres anciens ont des activités on ne peut plus normales : ils parlent, ils marchent, ils mangent, parfois ils tuent, et quelques-uns font même l'amour – songez à l'histoire fascinante de Philinnion dans Phlégon ! Il y a pourtant des circonstances où l'on peut qualifier leur activité de « paranormale » : dans les cas de maisons hantées par des bruits de chaînes, de lits dont on se retrouve mystérieusement expulsé, de thermes dont on risque de ne pas sortir vivant La catégorie moderne du « Poltergeist », si chère au cinéma, s'applique bien à quelques-uns d'entre eux, comme E. R. Dodds l'a montré.

C. S. – *Quelle est leur occupation, ou leur préoccupation, principale ?*

A. S. – Selon un mécanisme bien connu des anthropologues et des folkloristes, les morts reviennent le plus souvent de l'au-delà (ou tardent à s'y rendre) parce qu'ils ont encore des « affaires en suspens » à régler dans le monde des vivants. Ces « affaires » sont de tous ordres : les uns veulent empêcher leur propre peuple de faire des choix politiquement néfastes, d'autres réclament une sépulture pour leur dépouille, certaines veulent connaître les joies de la maternité, qu'elles n'ont pas connues de leur vivant, et enlèvent donc des enfants. Une fois leurs affaires réglées, les défunts cessent de se manifester sous forme de fantômes et reposent en paix !

C. S. – Comment se fait-il que les morts, qui appartiennent au passé, puissent prédire l'avenir ? C'est plutôt paradoxal, non ?

A. S. – Les morts qui font des prédictions sur l'avenir déclarent bien souvent parler au nom d'entités supérieures. Plutôt que de jouir eux-mêmes de facultés divinatoires, ils se font les « porte-voix » des divinités infernales – ou plus généralement d'entités supérieures – qui ont quelque intérêt à révéler le futur à tel ou tel être humain. Cela dit, certains défunts semblent posséder des capacités divinatoires ; cela s'explique, selon toute vraisemblance, par la propension des Anciens (et pas seulement des Anciens !) à doter tout être surnaturel de pouvoirs surhumains.

C. S. – Les fantômes sont le plus souvent des entités immatérielles, capables de traverser la matière et de sortir des tombeaux à leur guise. Pourtant on peut les emprisonner. En vertu de leurs pouvoirs, ils devraient être capables de s'échapper !

A. S. – Quelle que soit leur forme, les fantômes ont une « corporéité incorporelle », comme le dit E. Rohde. Leurs contours sont plus ou moins nets, presque semblables à un corps, mais ils s'avèrent en même temps sans consistance quand on essaie de les embrasser. En outre, presque tous les spectres ont le pouvoir d'apparaître et de disparaître à leur guise. Les fantômes ont pourtant, dans certains cas, une corporéité indiscutable et bien marquée ; ils sont alors capables d'embrasser et d'être embrassés, de boire et de manger des mets humains. Il faut se garder, dans ce cas, de parler simplement de cadavres ressuscités :

malgré leur corporéité, ce sont des êtres *sui generis* qui circulent entre le domaine des morts et celui des vivants. Ils peuvent, par exemple, s'avérer assez « corporels » pour dévorer entièrement un enfant, et assez « incorporels » pour rester invulnérables aux pierres qu'on leur lance à ce moment-là. Ce qui se profile derrière cette corporéité, c'est évidemment l'ancienne théorie de la consubstantialité entre spectre et cadavre : le spectre est censé conserver quelques traits de sa dépouille mortelle. Voilà pourquoi on peut même l'enfermer dans une tombe dont il pourrait, en toute autre circonstance, s'échapper sans problèmes.

C. S. – *Les croyances touchant aux fantômes sont souvent contradictoires. Comment s'expliquent ces contradictions ? Les Anciens en avaient-ils conscience ?*

A. S. – La contradiction – ou plutôt la coexistence des contraires – est un élément en quelque sorte « structurant » des croyances antiques liées au surnaturel. Grecs et Latins étaient bien conscients que les spectres et les démons pouvaient se manifester sous des formes et selon des modalités assez différentes les unes des autres, et ils n'étaient que rarement surpris de ces divergences. Nous autres, modernes, nous nous en étonnons bien plus, en oubliant peut-être que certaines de ces « contradictions » sont encore bien vivantes de nos jours ! Voyez, par exemple, le culte des morts dans la religion chrétienne : l'âme du défunt est censée vivre dans un monde supraterrestre, mais on lui rend en même temps un culte sur sa tombe, et certains « parlent » même avec leurs chers disparus, comme s'ils étaient encore présents près de leur propre dépouille. C'est une survivance très claire de cette idée si ancienne de la consubstantialité entre spectre et cadavre dont nous venons de parler.

C. S. – *Il existe aujourd'hui, en France, et ailleurs, un courant de pensée, dit « zététique », qui se livre à l'étude scientifique*

des phénomènes « paranormaux » pour démasquer les charla-
tans. L'Antiquité avait-elle déjà ses propres « zététiciens » ?

A. S. – Certainement. Il existait dans l'Antiquité
un véritable (sous-)genre littéraire, la littérature *kata*
magôn, « contre les sorciers ». Il nous en reste quelques
splendides témoignages indirects, comme dans la *Vie*
d'Apollonios de Tyane, de Philostrate. Nous possédons
aussi des fragments assez longs d'un philosophe cynique, Œnomaüs de Gadara, auteur d'une *Démystification*
des sorciers et d'un traité contre les oracles. Mais le
témoignage le plus important contre les magiciens
figure dans l'une des sections d'un traité de patristique,
la *Réfutation de toutes les hérésies* d'Hippolyte (IIe-IIIe siècle
apr. J.-C.). On y démystifie en détail toute une série de
trucs et de tours de passe-passe mis en œuvre par les
professionnels pour simuler des phénomènes « paranormaux » : comment faire parler un crâne, comment
faire apparaître la lune dans une pièce fermée, comment simuler un coup de tonnerre, un tremblement de
terre ou une apparition du dieu Asclépios. Cette section est un vrai petit bijou et elle mériterait qu'on lui
consacre une étude à part entière : ce serait du plus
haut intérêt pour le grand public, non moins que pour
les spécialistes !

C. S. – Et ses charlatans ?

A. S. – Là, on n'a que l'embarras du choix ! J'en cite-
rai deux, parmi les plus connus : Alexandre d'Abonoti-
que, un pseudo-prophète, qui créa à partir de rien au
IIe siècle apr. J.-C. un culte à succès grâce à une marion-
nette de serpent, et dupa une foule de nigauds par de
faux oracles, démystifiés par Lucien dans son opuscule
Alexandre ou le faux prophète, qui a beaucoup à voir avec
la littérature contre les sorciers ; et Simon le Magicien,
un personnage célèbre des *Actes des Apôtres*, qui défia
plusieurs fois saint Pierre. Il finit même par lui proposer

une compétition de lévitation à Rome en présence de l'empereur, mais l'un de ses truquages échoua, il fit une chute malheureuse et fut lapidé par la foule !

C. S. – On voit des exorcistes à l'œuvre dans plusieurs de nos textes. Existait-il aussi, comme aujourd'hui, des chasseurs de fantômes ?

A. S. – La plus célèbre histoire de fantômes transmise par l'Antiquité classique concerne une maison hantée par un spectre effroyable, dont les apparitions cessent grâce à l'intervention d'un homme d'une exceptionnelle élévation spirituelle, qui passe une nuit dans la maison « ensorcelée ». Cette intrigue nous est connue grâce à Plaute, Pline le Jeune, Lucien et Grégoire le Grand. Le chasseur de fantômes est un philosophe influent chez Pline et Lucien, et chez Grégoire le Grand un vénérable évêque, qui chasse désormais non plus un spectre, mais le diable ! Dans ce cas, on peut suivre l'évolution de toute une civilisation, dans son passage du paganisme au christianisme, par le biais de la « figure limite » du *ghost-buster*. Sur le plan historique, l'un des personnages les plus proches du chasseur de fantômes est Apollonios de Tyane, l'ascète pythagoricien du Ier siècle, qui aurait démasqué et chassé des démons de toutes sortes en diverses circonstances, selon son biographe Philostrate.

C. S. – Quels étaient les démons les plus redoutés des Anciens ?

A. S. – C'est difficile à dire, parce que bon nombre de croyances liées aux démons avaient un caractère plus ou moins local. On craignait particulièrement les démons kidnappeurs et/ou dévoreurs d'enfants, comme Lamia, Mormo et Gello : c'était des démons qui représentaient en réalité une hypostase de la mortalité enfantine, tristement banale dans l'Antiquité classique. Moins attendus, mais très redoutés aussi : les démons tapis dans les sources, les citernes, les puits et, surtout, dans les thermes ; ils jaillissaient soudain des eaux et y asphyxiaient les malheureux. Dans ce cas aussi, cette croyance traduisait une peur bien concrète : celle de la noyade, considérée comme la mort la plus abominable dès l'époque homérique.

C. S. – L'histoire des fantômes se perd dans la nuit des temps. Pourquoi se raconte-t-on des histoires de fantômes et aime-t-on le faire ?

A. S. – C'est une question depuis toujours débattue par les anthropologues, les littéraires et les historiens des religions. Impossible de donner une réponse définie à quelque chose qui participe d'une aspiration à l'irrationnel ; je me contenterai de réadapter des vers célèbres de Catulle : « Comment est-ce possible ? demandez-vous peut-être. Je ne sais, mais je le sens et c'est une torture. » Une « torture » qui, dans le cas des *ghost-stories*, donne toujours des frissons de plaisir…

C. S. – Pour finir, diriez-vous, comme Charles Nodier, dans Inès de Las Sierras, *qu'en matière de paranormal « tout croire est d'un imbécile, tout nier est d'un sot » ?*

A. S. – Je replacerai les faits dans leur contexte historique, en partant du monde classique. Les sources antiques qui rapportent des événements « paranormaux » les donnent pour vrais, pour réellement arrivés. Elles déploient tout un arsenal d'authentification plus ou moins élaboré pour garantir aux êtres et aux événements décrits toute l'objectivité et la véracité possibles. C'est une sorte de loi implicite du genre – et pas seulement dans l'Antiquité : pour figurer dans une œuvre littéraire (une œuvre sans intention comique ou parodique, bien entendu), un fait extraordinaire doit être présenté de façon à paraître vrai ou tout au moins vraisemblable, voire comme une donnée du monde réel. Quant à savoir ensuite si les êtres

de chair et de sang – à commencer par les auteurs eux-
mêmes – croyaient réellement à ces histoires, c'est un
problème plus insaisissable. Il existait sans doute « tout
un monde de nuances » depuis les grands crédules
jusqu'aux sceptiques impénitents, comme l'a écrit un
grand spécialiste des religions antiques, A. J. Festugière.
Pour garder cette image, je dirai en conclusion que si
l'on veut aborder correctement le « paranormal », mieux
vaut toujours – et peu importe l'époque – éviter les couleurs trop franches !

CARTES

La Méditerranée antique (1 cm = 280 km)

© Les Belles Lettres

Le monde grec (1 cm = 98 km)

© Les Belles Lettres

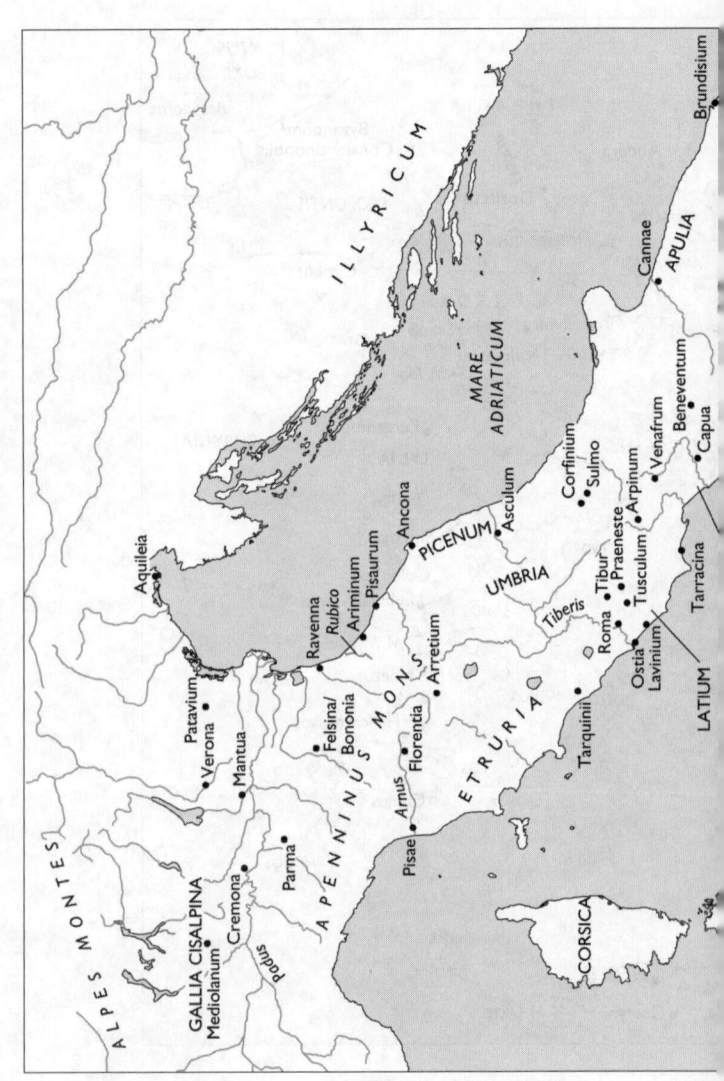

L'Italie antique (1 cm = 93 km)

© Les Belles Lettres

I

ÉVADÉS DES TÉNÈBRES

LES « MAL MORTS »

Les évadés des ténèbres, ce sont d'abord les spectres, les fantômes et les revenants en tous genres. Les Anciens répartissaient en effet les défunts en deux grandes classes, selon qu'ils avaient connu une fin heureuse ou malheureuse : on distinguait ainsi les âmes admises dans l'au-delà, qui pouvaient donc jouir du repos éternel, de celles qui n'y étaient pas admises et se voyaient de ce fait condamnées à errer sur terre, pour un temps ou pour l'éternité. On appelait ces défunts-là les « mal morts ».

Ces « mal morts » étaient de trois sortes : il y avait tous ceux, d'abord, dont les corps n'avaient pas reçu les honneurs funèbres, les « sans sépulture », *insepulti* en latin, *ataphoi* en grec. Puis venaient tous les êtres décédés prématurément, par maladie ou par accident. On appelait ces morts prématurés des *immaturi*, ou encore des *ahoroi*, des « morts avant l'heure ». À quoi s'ajoutaient enfin toutes les victimes de mort violente, dites *biothanatoi* ou *biaiothanatoi* : les assassinés, les suppliciés et certains suicidés.

Tous ces morts avaient quelque raison d'être mécontents de leur sort ; de malheureux qu'ils étaient, ils devenaient malfaisants et revenaient hanter les vivants : ils n'inspiraient plus alors aux membres de leur groupe qu'horreur ou terreur, et parfois pitié.

HOMÈRE
VIIIe s. av. J.-C.

VIRGILE
Ier s. av. J.-C.

CLAUDIEN
Ve s. ap. J.-C.

Virgile

La croyance selon laquelle l'être privé de sépulture est voué à un sort misérable dans l'au-delà est l'une des convictions les plus profondément enracinées dans le monde antique. L'âme du défunt, pense-t-on, est condamnée à errer sur la terre sans pouvoir jamais accéder aux Enfers ; ni vivant, ni réellement mort, le malheureux n'appartient à aucun des deux mondes. C'est l'immense foule de ces âmes errantes qu'Énée croise ici aux portes de l'Enfer.

DESTINATION ENFER

Là, vers les rives, toute une foule, en désordre, se ruait, des mères et des hommes, les corps désormais sans vie de héros magnanimes, des garçons, de jeunes vierges, des fils mis au bûcher sous les yeux de leurs parents. Aussi nombreux que, dans les bois, au premier froid de l'automne, les feuilles mortes se détachent et tombent, ou que, volant du large vers la terre, se serrent nombreux les oiseaux lorsque la saison froide les chasse au-delà de la mer et les pousse au pays du soleil. Ils étaient debout, suppliant qu'on les fît passer les premiers, ils tendaient leurs mains, avides, dans leur désir de la rive ultérieure. Mais l'inflexible nocher tantôt prend ceux-ci, tantôt prend ceux-là ; les autres, il les déloge et les repousse loin de la grève.

Énée – car il était surpris et troublé par ce tumulte : « Dis-moi, vierge, que veut cette foule aux bords du fleuve, et que demandent ces âmes, et pourquoi cette différence que celles-ci s'écartent de la rive tandis que celles-là balaient de leurs rames les flots livides ? » La prêtresse chargée d'ans lui répondit en peu de mots : « Fils d'Anchise, véritable rejeton des dieux, tu vois les étangs profonds du Cocyte, tu vois ce marais du Styx dont les dieux dans leurs serments redoutent d'invoquer la majesté en vain. Tout ce que tu vois est foule misérable et sans sépulture ; ce passeur est Charon ; ceux que le flot transporte ont été inhumés. Il n'est pas possible de les faire passer entre ces bords effrayants, par ces rauques courants, avant que leurs os aient reposé dans une demeure. Pendant cent ans, ils errent, voletant autour de ces rivages ; au terme, ayant été admis, ils voient enfin à leur tour ces étangs si fort désirés. » Le fils d'Anchise s'arrêta, retint sa marche, remuant maintes pensées et, dans son cœur, plein de pitié pour l'injustice du sort.

Énéide, VI, 305-332

HOMÈRE
VIIIe s. av. J.-C.

VIRGILE
Ier s. av. J.-C.

CLAUDIEN
Ve s. ap. J.-C.

Homère

Les premiers peuples faisaient de la tombe l'asile du repos éternel, et ils concluaient naturellement qu'on ne peut jouir de ce repos que si l'on a été enseveli. Aussi l'inhumation est-elle une obligation sacrée, que l'âme du malheureux Patrocle, tombé au combat devant la ville de Troie, vient rappeler à son compagnon Achille…

ÂME EN PEINE

Seul, le Péléide, étendu sur la rive où bruit la mer, sanglote lourdement, au milieu de nombreux Myrmidons, dans un endroit découvert, où le flot déferle au rivage. Enfin le sommeil le prend, donnant congé aux soucis de son cœur, épandant sa douceur sur lui : il a tant peiné dans ses membres illustres, quand il poussait Hector vers Ilion battue des vents ! Et voici que vient à lui l'âme du malheureux Patrocle, en tout pareille au héros pour la taille, les beaux yeux, la voix, et son corps est vêtu des mêmes vêtements. Il se dresse au-dessus de son front, et il dit à Achille :

« Tu dors, et moi, tu m'as oublié, Achille ! Tu avais souci du vivant, tu n'as nul souci du mort. Ensevelis-moi au plus vite, afin que je passe les portes d'Hadès. Des âmes sont là, qui m'écartent, m'éloignent, ombres de défunts. Elles m'interdisent de franchir le fleuve et de les rejoindre, et je suis là, à errer vainement à travers la demeure d'Hadès aux larges portes. Va, donne-moi ta main, je te le demande en pleurant. Je ne sortirai plus désormais de l'Hadès, quand vous m'aurez donné ma part de feu. Nous ne tiendrons plus conseil tous les deux, vivants, assis loin des nôtres : l'odieux trépas m'a englouti. Aussi bien était-ce mon lot dès le jour où je suis né. Et ton destin, à toi-même, Achille pareil aux dieux, n'est-il donc pas aussi de périr sous les murs des Troyens opulents ?

Mais j'ai encore quelque chose à te dire, à te recommander : m'écouteras-tu ? Ne place pas mes cendres loin des tiennes, Achille ; mets-les ensemble au contraire : nous avons ensemble grandi dans votre maison, quand, tout jeune encore, Ménœtios m'amena chez vous d'Oponte, à la suite d'un homicide déplorable, le jour où j'avais tué le fils d'Amphidamas, pauvre sot ! sans le vouloir, en colère pour des osselets. Pélée, le bon meneur de chars, alors me reçut chez lui, m'éleva avec de grands soins, et me nomma ton écuyer. Tout de même, qu'un seul cercueil enferme nos cendres à tous deux : l'urne d'or que t'a donnée ta digne mère ! »

Iliade, XXIII, 59-92

HOMÈRE
VIIIᵉ s. av. J.-C.

VIRGILE
Iᵉʳ s. av. J.-C.

CLAUDIEN
Vᵉ s. ap. J.-C.

Achille Tatius

Le jeune Clitophon est éperdument amoureux de la belle Leucippé, qu'il croit morte en mer. Fou de chagrin, mais désormais libre, il est poursuivi par une riche veuve, Mélité, qui parvient à se faire épouser du jeune homme en dépit de ses résistances. Lors de la traversée en mer qui les ramène d'Alexandrie à Éphèse, il profite d'une antique croyance liée aux noyades pour repousser ses sollicitations pressantes.

NAUFRAGE DE L'AMOUR

Nous avions le vent en poupe ; c'était le soir et, lorsque nous eûmes dîné, nous allâmes nous coucher. On avait construit sur le navire une cabine particulière, pour Mélité et moi. Après m'avoir serré dans ses bras, elle me donna des baisers et réclama la consommation du mariage en disant : « À présent, nous avons quitté le territoire de Leucippé et nous avons atteint celui de nos conventions ; c'est maintenant qu'arrive l'échéance. Pourquoi me faut-il donc attendre jusqu'à Éphèse ? Incertains sont les hasards de la mer ; on ne peut faire confiance aux sautes de vent. Crois-moi, Clitophon, je brûle. Si seulement je pouvais te montrer mon feu ! Si seulement le feu de l'amour était semblable au feu ordinaire, pour que je puisse te consumer en t'étreignant ; mais, en fait, contrairement à tous les autres, ce seul feu possède un bois qui lui est propre, et dans les étreintes des amoureux, bien que brûlant avec vigueur, il épargne ceux qui l'ont étreint. Oh ! feu mystique, feu qui brûle dans le secret, feu qui ne désire pas fuir son territoire ! Initions-nous donc, mon chéri, aux mystères d'Aphrodite. »

Je répondis : « Ne m'oblige pas à enfreindre la loi du respect que l'on doit aux morts. Nous n'avons pas encore franchi les limites de cette malheureuse et nous ne les aurons franchies que lorsque nous aborderons une autre terre. Ne sais-tu pas qu'elle est morte en pleine mer ? Je navigue encore sur le tombeau de Leucippé. Peut-être son fantôme erre-t-il, quelque part, autour du navire. On dit que les âmes qui ont péri dans l'eau ne descendent pas dans l'Hadès, mais que là, sur l'eau, elles mènent une vie errante ; peut-être sera-t-elle présente à nos étreintes. Cela te semble-t-il être un lieu approprié pour un mariage ? Un mariage sur les flots, un mariage emporté par la mer ? Désires-tu donc que notre chambre nuptiale ne demeure pas ? »

Le Roman de Leucippé et Clitophon, V, 15, 3-16, 2

HOMÈRE
VIIIe s. av. J.-C.

VIRGILE
Ier s. av. J.-C.

CLAUDIEN
Ve s. ap. J.-C.

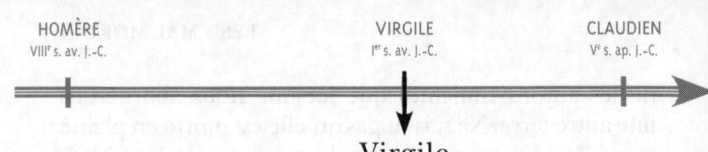

Virgile

Parmi les « morts avant l'heure », on compte beaucoup de nourrissons. Or les nouveau-nés sont, dans l'Antiquité, des créatures spéciales, dont l'appartenance au monde des vivants demeure encore indéfinie. Ils ne peuvent donc espérer faire partie de la communauté des morts, et leur âme se voit condamnée à flotter dans des séjours indéterminés, comme ici, dans les limbes.

LE SÉJOUR DES INNOCENTS

L'énorme Cerbère, de l'aboi de ses trois gueules, fait retentir au loin ces royaumes, allongé, gigantesque, dans une caverne en face. La prêtresse, voyant ses cous se hérisser déjà de couleuvres, lui jette un gâteau soporifique de miel et de graines préparées. Lui, dans sa faim enragée, ouvre grand son triple gosier, l'attrape au vol, il dénoue sa croupe gigantesque répandue sur le sol, s'étend, énorme, dans toute la profondeur de la caverne. Énée s'empare vivement du passage, tandis que le gardien est endormi, il s'éloigne rapidement des bords du fleuve qu'on ne repasse pas.

Tout de suite, on entend des voix, un immense vagissement, des âmes de nouveau-nés qui pleurent : au premier seuil de l'âge, exclus de la douceur de vivre, à la mamelle ravis, un jour sombre les emporta, disparus avant la saison dans la tombe. Près d'eux, ceux qui furent condamnés à mort sur une fausse accusation ; et ce séjour n'est pas concédé sans la décision d'un jury et d'un juge : Minos instruit l'affaire ; il préside au tirage, convoque le conseil des silencieux, examine et les vies et les accusations. Toutes proches, des ombres accablées : ceux qui, sans être coupables de quelque crime, se sont eux-mêmes donné la mort ; ayant détesté la lumière, ils ont rejeté le souffle de leur vie. Qu'ils voudraient là-haut dans l'éther souffrir maintenant et pauvreté et durs labeurs ! L'ordre des dieux s'y oppose, le triste marais à l'onde qu'on ne saurait aimer les lie, et les replis du Styx les enserrent neuf fois.

Énéide, VI, 417-439

HOMÈRE
VIIIe s. av. J.-C.

VIRGILE
Ier s. av. J.-C.

CLAUDIEN
Ve s. ap. J.-C.

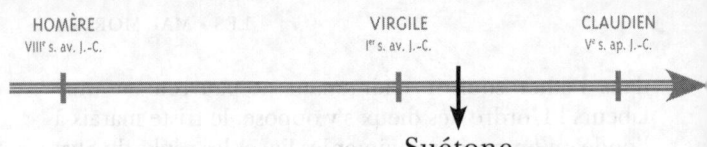

Suétone

Ceux qui ont des raisons de se plaindre de la vie, du sort ou des hommes, ce sont tous les êtres qui ont péri de mort violente : les assassinés, les suppliciés, certains suicidés. Toutes ces âmes sont tourmentées par la rancune et remplies de haine à l'égard des vivants. Aussi persistent-elles à errer près des corps et des lieux qu'elles ont habités, s'employant à nuire, telle Agrippine persécutant son fils et son meurtrier, l'empereur Néron.

CRIMES ET CHÂTIMENTS

Il passa le reste de la nuit à veiller dans une grande agitation en attendant l'issue de l'entreprise ; mais, lorsqu'il sut que tout avait tourné autrement et qu'Agrippine s'était sauvée à la nage, ne sachant que résoudre, comme L. Agermus, un affranchi de sa mère, venait plein de joie lui annoncer qu'elle était saine et sauve, il jeta en cachette un poignard près de lui et, sous prétexte qu'il avait été envoyé par Agrippine pour l'assassiner, donna l'ordre de le saisir, de l'enchaîner et de mettre à mort sa mère, qui passerait pour s'être suicidée parce que son crime était découvert. On ajoute, et non sans garanties, certains détails plus atroces : il serait accouru pour examiner le cadavre de sa mère, aurait palpé ses membres, critiqué ceci, vanté cela, et, entre-temps, pris de soif, se serait mis à boire. Toutefois, bien que réconforté par les félicitations des soldats, du Sénat et du peuple, il ne put jamais, ni sur le moment, ni plus tard, étouffer ses remords, et souvent il avoua qu'il était poursuivi par le fantôme de sa mère, par les fouets et les torches ardentes des Furies. Il essaya même, en recourant aux incantations des mages, d'évoquer et de fléchir les mânes d'Agrippine.

Vies des douze Césars, Néron, XXXIV, 6-8

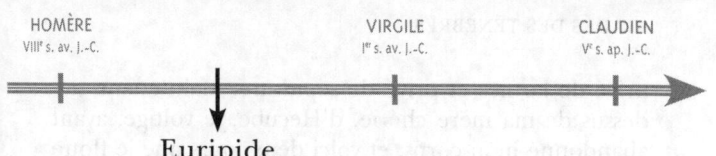

HOMÈRE
VIIIe s. av. J.-C.

VIRGILE
Ier s. av. J.-C.

CLAUDIEN
Ve s. ap. J.-C.

Euripide

Mort avant l'heure, traîtreusement assassiné par son hôte, puis jeté à la mer : voilà trois bonnes raisons, aux yeux des Anciens, pour faire du jeune troyen Polydore, le fils d'Hécube et du roi Priam, une âme errante. Son fantôme fait ici au public le récit de sa tragique histoire.

UN FANTÔME BIEN TRAGIQUE

Pour venir, j'ai quitté les retraites des morts et les portes de l'ombre, où, loin des dieux, Hadès a fixé son séjour. Je suis Polydore, enfant d'Hécube, la fille de Cissée, et de Priam. Mon père, quand la ville des Phrygiens fut en péril de succomber sous la lance grecque, pris de peur, m'éloigna furtivement du sol troyen ; il m'envoya chez Polymestor, son hôte thrace, qui cultive cette plaine fertile de la Chersonèse et dirige avec la lance un peuple de cavaliers. Beaucoup d'or avec moi partit secrètement : mon père voulait, si les murs d'Ilion tombaient un jour, à ses fils survivants épargner l'indigence. C'était moi le plus jeune des enfants de Priam ; aussi m'éloigna-t-il du pays en cachette : porter l'armure et la javeline était impossible à mon jeune bras. Or, tant que restèrent debout nos frontières et intacts les remparts de la terre troyenne, tant qu'Hector, mon frère, était heureux dans les combats, je fus bien traité par l'hôte thrace de mon père ; par ses soins, tel un arbuste, je croissais – infortuné ! Mais quand Troie eut péri avec la vie d'Hector, qu'eut été abattu le foyer paternel et que mon père lui-même, près de l'autel bâti par les dieux, fut tombé égorgé sous les coups meurtriers du fils d'Achille, il me tua, moi – malheureux ! –, pour mon or, l'hôte paternel, et jeta mon cadavre dans les flots de la mer, afin d'avoir à lui seul l'or en sa maison. Et me voici gisant, tantôt sur la grève, tantôt dans les vagues du large, longuement ballotté par le va-et-vient des flots,

13

privé de larmes et privé de sépulture. Maintenant, au-dessus de ma mère chérie, d'Hécube, je voltige, ayant abandonné mon corps, et voici deux jours que je flotte dans les airs, depuis que sur la terre de Chersonèse ma pauvre mère est venue de Troie.

Hécube, 1-34

PUISSANCES DÉMONIAQUES

À tous ces évadés des ténèbres, les Anciens avaient donné des noms : parmi les plus répandus, ceux de « héros » et de « démons ». Le « héros » est, à l'origine, un mort bienfaisant à qui l'on rend des honneurs religieux. Le « démon », en revanche, peut être bon ou mauvais : c'est une puissance divine, mystérieuse et invisible, qui intervient dans les affaires humaines, parfois une sorte de « génie ». Il devient, au fil des temps, l'incarnation du mal : les chrétiens définissent comme « démons » les mauvais esprits qui habitent le corps des possédés, mais aussi les anges déchus, dont Satan, ou Belzébuth, est le maître.

Les Romains considéraient, eux aussi, que les âmes des morts avaient quelque chose de divin : ils les mettaient, comme les Grecs, au rang des dieux inférieurs, d'où leur nom de « dieux mânes ». Les « lares » étaient probablement à l'origine les esprits divinisés des ancêtres défunts, bons et bienveillants tant qu'ils étaient traités avec respect ; le dieu lare est en tout cas le génie protecteur de la maison romaine, chargé de veiller sur ses habitants. Quant aux « larves » et aux « lémures », ils se sont très vite confondus dans la Rome antique : ce sont les noms donnés aux esprits des morts, qui avaient emporté de leur existence terrestre la tare de quelque crime ou tout au moins la marque d'une fin tragique et violente. Ils revenaient de ce fait sur terre pour tourmenter les vivants : leur action était toujours funeste et leur nature invariablement mauvaise.

Mais les spectres et les revenants ne sont pas les seuls à se livrer à une activité « paranormale » parmi les humains. S'y associe toute la cohorte des créatures infernales : loups-garous, striges, empuses ou onoskèles. Les voici prises sur le vif…

HOMÈRE
VIIIᵉ s. av. J.-C.

VIRGILE
Iᵉʳ s. av. J.-C.

CLAUDIEN
Vᵉ s. ap. J.-C.

Apulée

Pour Apulée, comme pour tant d'autres, l'air est plein d'âmes, de « fantômes flottant par millions ou milliards sur le globe, depuis tant de siècles que l'on meurt », comme le dit si bien Paul Valéry. Ces âmes se divisent en deux catégories : il y a, d'un côté, les bons et, de l'autre, les méchants. Écoutons ce qu'il en est dit, dans l'un des seuls grands traités latins de démonologie qui nous soit resté de l'Antiquité.

LE *WHO'S WHO* DES DÉMONS

Dans un second sens, voici encore une espèce de démons : l'âme humaine qui, ayant fini son temps de service terrestre, se retire de son corps. C'est elle que, dans la vieille langue latine, je trouve couramment nommée « lémure ». Parmi ces lémures donc, les uns ont reçu en partage de veiller sur leurs descendants, et leur puissance paisible et tranquille est maîtresse de la maison : on leur donne le nom de *lar familiaris* ; en revanche, d'autres, pour leurs méfaits sur la terre, sont privés de domicile et condamnés à errer au hasard, comme à une sorte d'exil : les démons de cette catégorie-là, vains épouvantails pour les hommes de bien, mais fléaux des méchants, portent généralement le nom de « larves ». Et quand on ne sait pas quel lot est échu à chacun d'eux, s'il s'agit d'un lare ou d'une larve, on le nomme « dieu mâne » ; bien entendu l'épithète de « dieu » est ici honorifique ; car on réserve le titre de « dieux » aux démons de cette espèce qui, après avoir conduit le char de leur vie avec justice et sagesse, sont considérés par les hommes comme des êtres divins et honorés de cérémonies et de sanctuaires que tout le monde peut voir, ainsi Amphiaraüs en Béotie, Mopsus en Afrique, Osiris en Égypte, tels autres dans tel ou tel pays, Esculape partout.

Du Dieu de Socrate, 15

HOMÈRE
VIIIe s. av. J.-C.

VIRGILE
Ier s. av. J.-C.

CLAUDIEN
Ve s. ap. J.-C.

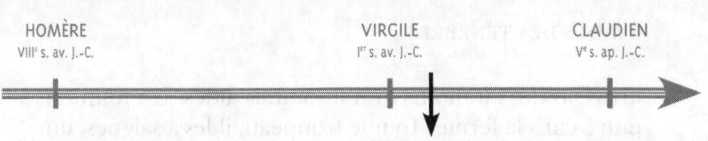

Pétrone

Ni démons, ni défunts, les loups-garous sont des êtres humains bien vivants qui ont la faculté de se métamorphoser en loups. La référence à Orcus, le géant barbu et hirsute des peintures funéraires étrusques, et lointain ancêtre de l'ogre, rapproche pourtant la créature de Nicéros des puissances infernales.

GAROU, SAIGNEUR DE LA NUIT

Justement, le maître était parti à Capoue pour brader un lot de fripes de premier choix. Je saute sur l'occasion et persuade un hôte à nous de faire les cinq milles avec moi. C'était un soldat, et costaud comme Orcus. Nous décarrons vers le chant du coq ; la lune éclairait comme à midi. Au moment où on passe entre les tombeaux, voilà mon gars qui va faire ses besoins du côté des stèles. Moi, je m'assois et je chantonne en comptant les stèles. Et puis, je me retourne vers le type et je le vois qui ôte tous ses habits et qui les dépose au bord de la route. J'étais raide comme un cadavre, l'air me passait plus dans les narines. Alors il pisse autour de ses habits et, d'un seul coup, il se transforme en loup. Ne croyez pas que je blague. Pour me faire inventer ça, personne ne pourrait me payer assez cher. Je continue. Une fois changé en loup, il se met à hurler et il s'enfuit dans les bois. Moi, sur le coup, je savais plus où j'en étais. Après, je me suis approché pour ramasser ses habits, mais ils s'étaient changés en pierres. Impossible d'être plus mort de trouille que moi. J'ai quand même dégainé mon épée, et j'ai massacré les ombres les plus épaisses que je trouvais, jusqu'à ce que je sois arrivé dans la ferme de mon amie. J'y suis entré comme un spectre, j'ai bien failli crever, la sueur me dégoulinant dans la raie des fesses, les yeux morts, c'est un miracle que je m'en sois remis. Ma Melissa s'étonne que j'aie voyagé si tard et me dit : « Si tu étais

17

arrivé avant, au moins tu nous aurais aidés. Un loup est entré dans la ferme. Tout le troupeau, il les a saignés, un vrai boucher. Quand même qu'il a pu s'enfuir, il ne doit guère s'en vanter, parce qu'un esclave à nous lui a percé le cou avec sa lance. » Quand j'ai eu entendu ça, je n'ai pas pu fermer l'œil, et, dès que le jour a été haut, je me suis carapaté chez notre maître Gaius, aussi vite que le bistrotier à qui on avait fauché ses fringues. Arrivé à l'endroit où les vêtements s'étaient changés en pierres, j'y ai rien trouvé que du sang et, arrivé à la maison, mon soldat était allongé dans un lit, assommé comme un bœuf, et un docteur lui soignait le cou. J'ai compris qu'il était loup-garou et après ça je n'ai jamais plus pu manger le pain avec lui, même si on m'aurait tué.

Satiricon, LXII, 1-12

HOMÈRE
VIIIe s. av. J.-C.

VIRGILE
Ier s. av. J.-C.

CLAUDIEN
Ve s. ap. J.-C.

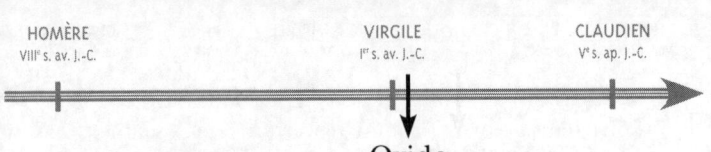

Ovide

*Les ancêtres des vampires sont nombreux, et l'Antiquité a eu,
elle aussi, son lot de créatures assoiffées de sang humain ; parmi
elles, les striges, qui sont encore bien connues en Roumanie : c'est
précisément le nom qu'on y donne aux vampires. En voici un
tableau... sanglant !*

LES SUCEUSES DE SANG

Il y a des oiseaux voraces ; sans s'identifier à ceux qui
empêchaient Phinée de goûter aux mets, ils tirent d'eux
leur origine ; ils ont une tête immense, des yeux fixes,
un bec fait pour saisir les proies, des ailes blanchâtres,
des serres crochues. Ils volent de nuit, s'attaquent aux
enfants en l'absence des nourrices et souillent les petits
corps qu'ils arrachent du berceau. Ils déchirent, dit-on,
de leur bec les entrailles des nourrissons et ont le gosier
barbouillé du sang qu'ils ont sucé. Ils portent le nom
de striges, mais ce nom provient des cris stridents qu'ils
ont l'habitude de pousser pendant les nuits redoutables.
Qu'ils soient oiseaux de naissance ou le deviennent par
incantation, telles les vieilles femmes métamorphosées
en oiseaux par un maléfice marse, ils ont pénétré dans la
chambre de Procas : le petit Procas, nouveau-né de cinq
jours, constituait une proie fraîche pour ces oiseaux.
De leurs langues voraces, ils s'abreuvent à la poitrine
du bébé ; le malheureux enfant vagit et appelle à l'aide.
Terrifiée par la voix de son nourrisson, la nourrice
accourt et lui trouve les joues tailladées par les griffes
acérées. Que devait-elle faire ? Son visage avait déjà le
teint que prennent d'ordinaire les feuilles à la saison tardive, quand elles sont blessées par les premiers frimas.

Les Fastes, VI, 131-150

19

HOMÈRE
VIIIᵉ s. av. J.-C.

VIRGILE
Iᵉʳ s. av. J.-C.

CLAUDIEN
Vᵉ s. ap. J.-C.

Aristophane

L'empuse n'est plus de nos jours que le nom d'un misérable insecte, mais quel insecte : la mante religieuse ! Dans l'Antiquité, elle désignait une divinité sanguinaire d'apparence on ne peut plus féminine ; ces deux cousines éloignées ont pourtant une caractéristique commune : ce sont des « mangeuses d'hommes ». On comprend mieux pourquoi Dionysos est si terrifié lorsqu'il la rencontre aux Enfers.

EMPUSE, MANGEUSE D'HOMMES

DIONYSOS. – Bien, que faisons-nous ?

XANTHIAS. – Le mieux pour nous, c'est d'avancer : ici, c'est le secteur où sont les bêtes abominables, à ce qu'il prétendait, l'autre.

DIONYSOS. – Il va me le payer ! Il faisait le fanfaron pour me faire peur, à moi ! Sachant quel vaillant combattant je suis, il était jaloux. « Car il n'est rien de fier » comme Héraclès. Moi, je ne demanderais qu'à en rencontrer un, de ces monstres, pour avoir une aventure digne de cette équipée.

XANTHIAS. – Mais oui, nom de Zeus. *(Mimique d'angoisse.)* Justement, j'entends quelque chose… un grondement…

DIONYSOS. – *(Affolé.)* Où ça ? Où ça ?

XANTHIAS. – Par-derrière.

DIONYSOS. – Passe derrière !

XANTHIAS. – Non, c'est par-devant.

DIONYSOS. – Passe devant !

XANTHIAS. – Voilà que j'aperçois, nom de Zeus, une bête, une grosse…

DIONYSOS. – De quelle sorte ?

XANTHIAS. – Abominable ! Elle change tout le temps de forme : tantôt un bœuf, tantôt un mulet, et puis une femme… hé ! mais ravissante !

Dionysos. – *(Soudain redevenu d'attaque.)* Où est-elle ? Vite, que je lui saute dessus !

Xanthias. – Mais ce n'est plus une femme : voilà que c'est un chien !

Dionysos. – Alors c'est Empuse !

Xanthias. – C'est du feu, sa figure, elle flamboie !

Dionysos. – Et elle a une jambe de bronze ?

Xanthias. – Oui, par Poséidon ; et l'autre de bouse de vache : tu peux me croire !

Dionysos. – Où me terrer, alors ?

Xanthias. – Et moi ?

Les Grenouilles, 277-296

HOMÈRE
VIIIe s. av. J.-C.

VIRGILE
Ier s. av. J.-C.

CLAUDIEN
Ve s. ap. J.-C.

Lucien

Dans la littérature juive et islamique, la reine de Saba est souvent une sorcière, ou encore la fille d'un djinn ou d'une péri ; elle est alors dotée d'un pied d'âne ou de chèvre, ce qui la rapproche des incarnations démoniaques, comme Lilith. On retrouve cette particularité physique chez les onoskèles, littéralement les « pattes-d'ânesse », qui sont nettement moins connues, mais bien plus diaboliques.

LES BELLES AUX PIEDS DE BÊTE

C'était déjà le soir quand nous abordâmes dans une île qui n'était pas grande. Elle était habitée par des femmes (c'est ce que nous pensions) qui parlaient grec. Elles s'approchèrent, nous tendirent la main et nous embrassèrent ; elles étaient parées tout à fait comme des courtisanes, toutes belles et jeunes, traînant après elles des tuniques qui leur tombaient jusqu'aux pieds. L'île avait pour nom Cobalousa et la ville Hydarmagia. Ces femmes nous prirent en charge, chacune attirant l'un de nous chez elle et lui offrant l'hospitalité. Mais moi, resté un peu à l'écart car je n'augurais rien de bon, je regarde à la ronde plus en détail et je vois un grand nombre d'ossements et de crânes humains gisant sur le sol. Lancer un cri, rassembler mes compagnons et courir aux armes, cela ne me semblait pas le bon parti. Mais j'empoignai ma racine de mauve et lui adressai une prière instante pour échapper aux maux qui nous menaçaient. Peu après, comme mon hôtesse faisait le service, je vis ses jambes : ce n'étaient pas celles d'une femme, mais des sabots d'ânesse. Tirant alors mon épée, je l'arrête, je la garrotte et je la questionne sur toute l'affaire. Elle s'expliqua à contrecœur : elles étaient des femmes de la mer, appelées onoskèles, qui faisaient leur pâture des visiteurs étrangers. « Quand nous les avons enivrés, dit-elle, nous couchons avec eux et, pendant leur sommeil, nous les massacrons. » À ces mots, je la laissai attachée, grimpai sur le toit et criai pour rassembler mes compagnons. Quand ils furent regroupés, je leur révélai toute l'affaire, leur montrai les ossements et les fis entrer chez la femme attachée. Elle aussitôt se transforma en eau : elle avait disparu ! Cependant, je plongeai mon épée dans l'eau pour voir ce qui arriverait : l'eau se transforma en sang.

Histoires vraies, II, 46

HOMÈRE
VIIIe s. av. J.-C.

VIRGILE
Ier s. av. J.-C.

CLAUDIEN
Ve s. ap. J.-C.

Macrobe

« Mes cauchemars anciens reviennent. Cette nuit, j'ai senti quelqu'un accroupi sur moi et qui, sa bouche sur la mienne, buvait ma vie entre mes lèvres. Puis il s'est levé, repu, et moi je me suis réveillé, tellement meurtri, brisé, anéanti, que je ne pouvais plus remuer. » On reconnaît dans cette description du Horla *de Guy de Maupassant l'œuvre d'Éphialtès, « l'Assaillant », un démon antique, prince des cauchemars et père des incubes médiévaux.*

ÉPHIALTÈS, PÈRE DES INCUBES

Quant au fantasme, autrement dit la « vision », il se produit entre veille et repos profond, dans cette espèce, comme on dit, de première brume du sommeil, quand le dormeur, qui se croit éveillé alors qu'il commence tout juste à sommeiller, rêve qu'il aperçoit, fondant sur lui ou errant çà et là, des silhouettes qui diffèrent des créatures naturelles par la taille ou par l'aspect ainsi que diverses choses confuses, plaisantes ou désordonnées. À cette catégorie appartient aussi l'éphialtès, qui selon la croyance populaire s'empare des dormeurs et, pesant sur eux de tout son poids, les écrase de façon perceptible.

Commentaire au Songe de Scipion, I, 3, 7

HOMÈRE
VIII° s. av. J.-C.

VIRGILE
I° s. av. J.-C.

CLAUDIEN
V° s. ap. J.-C.

Prudence

À l'origine du vocable français « fantôme », il y a le terme grec, puis latin, phantasma, *qui a aussi donné naissance à notre mot « fantasme » ; entre fantômes et fantasmes, la frontière est mince, que les chrétiens franchiront allègrement pour discréditer des visions qu'ils jugent fallacieuses. Toutes les apparitions se ramènent selon eux à de pures illusions, à des diableries, et, dans ce domaine, le grand mystificateur, le maître des prestiges, c'est Satan.*

SATAN, GRAND MAÎTRE DES PRESTIGES

Nous savons qu'il existe un père du péché, mais nous savons qu'il n'est nullement Dieu, qu'il est au contraire l'esclave de la géhenne, digne des peines du Styx et de l'Averne ; ce dieu de Marcion, terrible, farouche, traître, marche le front haut ; sa tête aux cheveux de serpents est entourée de nuées noirâtres et environnée de fumée et de feu ; l'envie, incapable de supporter les joies des justes, remplit de fiel enflammé ses yeux livides. Son épaisse chevelure couvre de reptiles qui s'agitent ses épaules velues, et des vipères lui lèchent le visage. Sa main, en ramenant la corde agile, ferme le nœud coulant que forme la courbure de son lasso ; il en fait aisément un lien qui entoure les jambes de ses victimes, une entrave qu'il tend fortement. Il possède l'art de capturer le gibier, d'attraper dans ses filets des animaux sauvages, et enfin de dresser à ses proies errantes, dans des endroits bien cachés, des pièges invisibles. Tel est le chasseur farouche qui ne cesse d'accabler de coups meurtriers les âmes qui ne se tiennent pas sur leurs gardes, le Nemrod qui, plein de ruse et d'artifice, circule sans cesse à travers notre terre accidentée d'anfractuosités creuses et de rochers boisés, entreprenant d'enlacer les uns dans ses fourberies et ses ruses cachées ou de terrasser les autres d'une attaque de ses bras gigantesques, et déployant au loin ses triomphes sinistres.

Hamartigénie, 126-148

II

BELLES ÂMES

ANGES GARDIENS ET BONS GÉNIES

Tous les trépassés ne sont pas redoutables. Ceux qui ont eu une belle mort, ont reçu les derniers honneurs, ont été aimés ou appréciés de leur vivant, deviennent de bons ancêtres, veillant depuis l'au-delà sur leur famille et sur leur clan. Accédant au sacré, les défunts servent alors de relais entre les vivants et les puissances invisibles, Dieu ou les dieux, selon les croyances. Tant qu'on les vénère et qu'on leur rend hommage par des libations ou des sacrifices, ils dispensent généreusement leurs faveurs et leur protection. Et si, parfois, ils reviennent sur terre, c'est pour aider leurs proches à se tirer d'un mauvais pas, ou leur faire la leçon quand ils ne respectent plus les règles. Car les morts sont finalement, à leur façon, les gardiens de l'ordre, de la morale et de la prospérité. Il en est de même à l'échelle de la nation : lorsqu'un individu laisse à sa mort un merveilleux souvenir et que son existence a été bénéfique à la communauté des vivants, il jouit, à sa disparition, d'un statut privilégié : les païens en feront parfois un dieu, souvent un héros, un bon démon ou un génie ; les chrétiens, presque toujours un saint – la démarche est identique. Mais, dans tous les cas, les morts continueront à jouer un rôle notoire dans la vie de la communauté.

HOMÈRE
VIII° s. av. J.-C.

VIRGILE
I° s. av. J.-C.

CLAUDIEN
V° s. ap. J.-C.

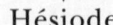

Hésiode

Selon Hésiode, l'histoire de l'humanité se divise en cinq grands âges, dont quatre correspondent à un métal. Ces différents âges sont ordonnés selon une chronologie qui, de la perfection initiale (l'âge d'or), conduit progressivement (par les âges d'argent, d'airain, puis des héros) à un état de décadence et de malheur (l'âge de fer). Mais la mort ne met pas un terme aux bienfaits de la race d'or envers les vivants.

DES GÉNIES EN OR

D'or fut la première race d'hommes périssables que créèrent les Immortels, habitants de l'Olympe. C'était au temps de Cronos, quand il régnait encore au ciel. Ils vivaient comme des dieux, le cœur libre de soucis, à l'écart et à l'abri des peines et des misères : la vieillesse misérable sur eux ne pesait pas ; mais, bras et jarret toujours jeunes, ils s'égayaient dans les festins, loin de tous les maux. Mourant, ils semblaient succomber au sommeil. Tous les biens étaient à eux : le sol fécond produisait de lui-même une abondante et généreuse récolte, et eux, dans la joie et la paix, vivaient de leurs champs, au milieu de biens sans nombre. Depuis que le sol a recouvert ceux de cette race, ils sont, par le vouloir de Zeus puissant, les bons génies de la terre, gardiens des mortels, l'œil ouvert aux sentences et aux crimes, vêtus de brume, partout répandus sur la terre, dispensateurs de la richesse : c'est le royal honneur qui leur fut départi.

Les Travaux et les Jours, 109-126

Plutarque

Les Anciens donnent habituellement aux défunts bien-veillants le nom de héros, de génies ou de bons démons, mais Plutarque les compare ici, de façon plus originale, à d'anciens athlètes, devenus d'excellents entraîneurs dans une discipline trop rare... la vertu !

COACHS D'ENFER !

Quant aux âmes affranchies de la génération et désormais délivrées des tracas causés par le corps, rendues entièrement libres en quelque sorte de leurs mouvements, ce sont, d'après Hésiode, « les démons qui veillent sur les hommes ». Ceux-ci sont comme les athlètes que l'âge a fait renoncer à leur entraînement, mais qui n'ont pas perdu complètement le goût de la gloire et des prouesses physiques et prennent plaisir à regarder les autres athlètes s'entraîner, qui les encouragent et courent à côté d'eux dans le stade ; de même, ceux qui en ont fini avec les luttes de la vie et ont mérité par leurs vertus de devenir des démons ne dédaignent pas totalement les actions des hommes ici-bas, leurs propos et leurs efforts ; ils sont pleins de bienveillance à l'égard de ceux qui s'exercent à atteindre le même but qu'eux, ils secondent leur ardeur, les excitent à la vertu et s'élancent avec eux, lorsqu'ils les voient lutter et déjà toucher presque au terme de leur désir. Car les démons n'assistent pas n'importe qui. Voyez : quand des gens en perdition nagent en mer, les personnes qui se tiennent sur le rivage se contentent de regarder en silence ceux qui sont encore au large et loin de la terre ; mais ceux qui approchent du bord, on court à leur rencontre, on entre dans l'eau pour aller à eux, tandis qu'on les aide de la voix et de la main, et on les sauve ; telle est aussi, mes amis, la conduite des démons.

Le Démon de Socrate, 24 (593d-f)

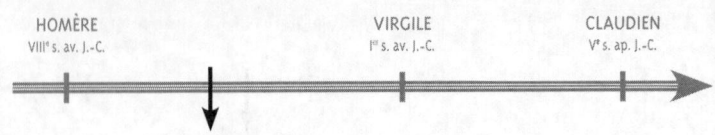

HOMÈRE
VIIIᵉ s. av. J.-C.

VIRGILE
Iᵉʳ s. av. J.-C.

CLAUDIEN
Vᵉ s. ap. J.-C.

Hérodote

Les défunts ne sont jamais vraiment morts et ils peuvent agir d'outre-tombe. Fort heureusement, ils ne sont pas tous nuisibles ; certains d'entre eux sont même très proches de nos anges gardiens ou des fées qui peuplent nos contes. Telle est la défunte reine de Sparte, cette « belle Hélène », qui avait été en son temps la plus belle femme du monde.

MA MARRAINE, LA BONNE FÉE

Ariston avait pour ami un Spartiate, à qui il était attaché plus qu'à tout autre citoyen. Cet homme avait pour épouse la femme qui, de beaucoup, était la plus belle de Sparte, et cela, après être devenue de très laide, très belle. Car sa nourrice, qui la voyait physiquement disgraciée – cette enfant à la vilaine figure était la fille de gens riches – et qui voyait aussi ses parents prendre mal leur parti de sa disgrâce, après avoir constaté tout cela, avait eu cette idée : tous les jours, elle la portait à la chapelle d'Hélène, qui est au lieu appelé Thérapné, au-dessus du temple de Phoibos ; et, chaque fois qu'elle l'y avait portée, elle la présentait debout à la statue divine, priant la déesse de guérir l'enfant de sa laideur. Or, un jour qu'elle revenait de la chapelle, une femme se montra à elle, et cette femme qui se montra ainsi lui demanda ce qu'elle portait dans ses bras ; elle dit que c'était une enfant ; la femme l'invita à la lui montrer ; elle refusa, car les parents, dit-elle, lui avaient interdit de la laisser voir à personne. La femme insista vivement pour qu'elle la lui montrât ; et la nourrice, voyant que cette femme tenait tant à la voir, finit par la lui montrer. La femme caressa la tête de l'enfant, et déclara que ce serait la plus belle de toutes les femmes de Sparte. À partir de ce jour, l'enfant changea effectivement de figure ; et, quand ce fut une fille arrivée à l'âge de se marier, elle fut épousée par Agétos fils d'Alkeidès, l'ami d'Ariston dont j'ai parlé.

Histoires, VI, 61

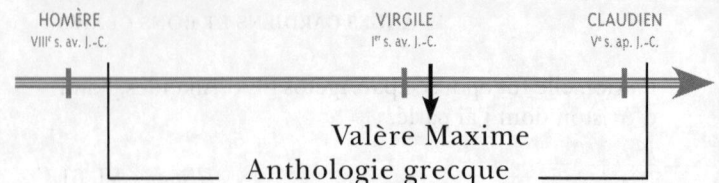

HOMÈRE
VIIIᵉ s. av. J.-C.

VIRGILE
Iᵉʳ s. av. J.-C.

CLAUDIEN
Vᵉ s. ap. J.-C.

Valère Maxime
Anthologie grecque

Aider les morts à trouver le repos éternel est un devoir à accomplir, chaque fois que c'est possible ; on peut alors espérer recevoir en retour leur secours en cas de danger. C'est le thème, bien connu, du mort reconnaissant.

LE MORT RECONNAISSANT

Après avoir accosté sur une plage, le poète Simonide y trouva un cadavre étendu sans tombeau et il l'inhuma ; comme il avait reçu du mort le conseil de s'abstenir de prendre la mer le lendemain, il resta à terre. Ceux qui avaient levé l'ancre dans la région furent anéantis sous ses yeux par les vagues et la tempête, lui se réjouit d'avoir confié sa vie aux instructions venues du songe plutôt qu'à son bateau. Et il fixa le souvenir du service qu'il avait reçu dans un poème de très bon goût qui en assura l'éternité en dressant pour lui dans l'esprit des hommes un monument plus efficace et mieux assuré de durer que celui qu'il venait de bâtir sur une plage déserte et inconnue.

Faits et dits mémorables, I, 7, ext. 2

Avec les morts, un service rendu n'est jamais perdu ; la preuve, c'est qu'ils peuvent vous sauver la vie… ou même vous faire découvrir un trésor !

De Carpyllidès

Un homme qui, du rivage, cherchait à prendre des poissons avec un hameçon bien garni de poils retira la tête sans poils d'un naufragé. Il prit pitié de ce mort qui n'avait plus de corps et, de sa main sans outil creusant un peu la terre, il éleva un modeste tombeau ; et il trouva, cachée là, une fortune en or. Certes, les hommes justes ne perdent pas la récompense de leur piété.

Épigrammes démonstratives, IX, 52

HOMÈRE
VIIIᵉ s. av. J.-C.

VIRGILE
Iᵉʳ s. av. J.-C.

CLAUDIEN
Vᵉ s. ap. J.-C.

Histoire Auguste

Sage pythagoricien et grand faiseur de miracles, Apollonios de Tyane est l'un de ces gourous, dont on ne sait plus trop ce qui, dans sa biographie, est à accepter ou à rejeter. L'anecdote suivante se place près d'un siècle après sa mort ; elle fait irrésistiblement songer à une page de la Légende dorée *de Jacques de Voragine, car c'est bien en saint patron de sa ville natale que se comporte Apollonios… ou plutôt son fantôme !*

APOLLONIOS,
SAINT PATRON DE LA VILLE DE TYANE

La prise de la ville se fit d'une manière originale : Héraclammon avait indiqué à Aurélien une éminence qui ressemblait à une terrasse naturelle et qu'il pourrait gravir en grande tenue ; l'empereur y monta et, arborant son manteau de pourpre, se montra, à l'intérieur, aux habitants et, à l'extérieur, aux soldats, et c'est ainsi que la ville fut prise, comme si l'armée entière d'Aurélien était parvenue sur les murailles. Il convient de ne pas omettre un épisode qui touche la réputation d'un homme vénérable. On rapporte en effet qu'Aurélien avait vraiment parlé de raser la ville de Tyane, qu'il y avait vraiment songé ; mais qu'Apollonios de Tyane, un sage d'une réputation et d'un prestige immenses, un philosophe du temps jadis, un vrai ami des dieux, digne même d'être honoré lui-même comme une divinité, lui apparut soudain, tel qu'on le voit représenté, au moment où il se retirait dans sa tente, et qu'il lui adressa ces mots en latin, pour être compris d'un homme originaire de Pannonie : « Aurélien, si tu veux vaincre, il n'y a aucune raison que tu songes au massacre de mes concitoyens ; Aurélien, si tu veux régner, épargne le sang des innocents ; Aurélien, montre-toi clément, si tu veux vivre. » Aurélien connaissait les traits du vénérable philosophe et avait même vu son portrait dans de nombreux temples. Bref, il en fut instantanément frappé de stupeur et lui promit un portrait, des statues et un temple, puis il revint à de meilleurs sentiments.

Vies d'Aurélien et de Tacite, XXIV, 1-6

HOMÈRE
VIIIe s. av. J.-C.

VIRGILE
Ier s. av. J.-C.

CLAUDIEN
Ve s. ap. J.-C.

Grégoire le Grand

Les prêtres, c'est bien connu, ont pour mission de veiller sur leurs ouailles, même depuis leur tombe… Et, qu'on se le tienne pour dit, jamais ils ne manquent à leur mission !

LES OUAILLES DU SEIGNEUR

Il y avait dans la province de Valérie un vénérable prêtre, tout adonné aux louanges de Dieu et aux bonnes œuvres, qui menait avec ses clercs une sainte vie. Survint le jour de son appel ; il mourut et on l'enterra devant l'église. Une bergerie était accolée à cette église et l'endroit où on l'avait enterré se trouvait précisément sur le chemin de ceux qui allaient à la bergerie.

Or, une nuit que les clercs psalmodiaient dans l'église, un voleur arriva et entra dans la bergerie pour y commettre un vol ; il prit un mouton et repartit à toute vitesse. Comme il était parvenu à l'endroit où l'on avait enterré l'homme de Dieu, il se sentit soudain cloué sur place : il ne pouvait plus faire un pas ! Il déposa bien sûr le mouton qu'il portait sur ses épaules et voulut le relâcher, mais il ne réussissait plus à desserrer sa main ! Il resta donc là debout, misérable, coupable et ligoté avec sa proie. Voulait-il relâcher le mouton, il n'y réussissait pas. Voulait-il sortir avec le mouton, il ne le pouvait pas. Ô merveille ! Le voleur qui avait eu peur d'être vu par des vivants, un mort le retenait ! Et comme il était pieds et poings liés, il demeurait immobile.

Au petit matin, une fois célébrées les louanges de Dieu, les clercs sortirent de l'église et découvrirent un inconnu, qui tenait un mouton par la main. On se demanda s'il emportait ou s'il apportait ce mouton, mais le coupable eut tôt fait de révéler son châtiment. Tout le monde s'émerveilla de la façon dont le voleur était resté ligoté à sa proie grâce à l'homme de Dieu. Ils se mirent aussitôt en prière pour lui et réussirent, non sans peine, à obtenir par leurs supplications que celui qui était venu ravir leur bien en fût quitte pour repartir les mains vides. C'est ainsi que le voleur, qui était resté longtemps captif avec sa proie, repartit finalement les mains vides, mais libre.

Dialogues, III, 22, 1-3

LES « TROMPE LA MORT »

Les « trompe la mort », ce sont tous ces êtres d'exception, qui jouissent d'un privilège particulier : celui de quitter leur corps, sans pour autant mourir. Certains hommes ont en effet le pouvoir de défier la mort, ou d'y échapper, d'une façon ou d'une autre : selon les cultures, ils recevront le nom de chamans, de saints ou de héros. On a longtemps cru, par exemple, que l'âme pouvait se détacher de son enveloppe physique, et cela de diverses manières : la plus ancienne est involontaire, c'est la maladie – coma, catalepsie ou léthargie –, qui mène l'être humain aux portes de la nuit éternelle ; l'autre, plus mystique, est tout à fait volontaire et s'efforce de briser l'enveloppe charnelle par le chant et la danse, ou encore l'ascèse, le jeûne et la veille... Toutes ces pratiques visent à abolir les liens unissant l'âme au corps, à en amoindrir les fonctions vitales, de façon, pour ceux qui s'y adonnent, à entrer dans un état de transe, comme les chamans, ou d'extase qui est, bien souvent, le fait des grands croyants. Mais il y a, dans l'Antiquité, mille autres moyens de tromper la mort ; en voici quelques-uns, parmi les plus spectaculaires...

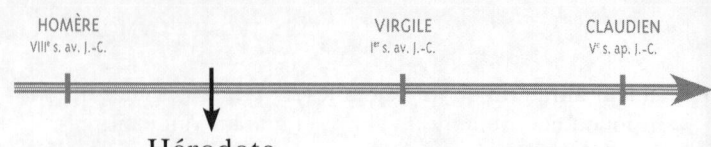

HOMÈRE
VIIIe s. av. J.-C.

VIRGILE
Ier s. av. J.-C.

CLAUDIEN
Ve s. ap. J.-C.

Hérodote

Il n'est pas nécessaire d'être mort pour se détacher de son enveloppe charnelle, et certains individus, comme les chamans, ont le pouvoir, réel ou présumé, de quitter leur corps à volonté et de voyager vers des terres lointaines ou vers le monde des esprits. Ils jouissent donc du pouvoir de bilocation ou même, comme ici, de téléportation.

TÉLÉPORTATION

Aristéas, dit-on, ne le cédait à aucun des citoyens pour la noblesse de sa famille ; étant entré à Proconnèse dans la boutique d'un foulon, il y mourut ; et le foulon, ayant fermé à clé son atelier, se mit en route pour porter la nouvelle aux parents du défunt. Le bruit de la mort d'Aristéas s'était déjà répandu dans la ville quand un homme de Cyzique, qui venait de la ville d'Artaké, entra en contestation avec ceux qui le propageaient ; il avait, disait-il, rencontré Aristéas se rendant à Cyzique et avait conversé avec lui. Comme il soutenait cela avec force en face de ses contradicteurs, les parents du défunt se présentèrent à la boutique du foulon, avec ce qu'il fallait pour la levée du corps ; on ouvrit la pièce, et on n'y aperçut Aristéas ni mort ni vif. Sept ans après, il aurait reparu à Proconnèse, aurait composé ce poème que les Grecs appellent maintenant *Arimaspées*, et, le poème composé, aurait disparu pour la deuxième fois. Voilà ce qu'on raconte dans ces deux villes ; et voici ce que je sais être arrivé aux Métapontins, en Italie, deux cent quarante ans après la deuxième disparition d'Aristéas, ainsi que mes calculs à Proconnèse et Métaponte m'ont permis de le reconnaître. Les Métapontins racontent qu'Aristéas en personne leur apparut dans leur pays, qu'il leur ordonna d'élever un autel à Apollon et de dresser auprès de cet autel une statue sous le nom d'Aristéas de Proconnèse ;

il leur aurait dit qu'ils étaient les seuls Italiotes chez qui Apollon était venu jusqu'alors ; et que lui, qui était présentement Aristéas, l'avait accompagné ; en ce temps-là, quand il accompagnait le dieu, il était un corbeau. Cela dit, il avait disparu.

Histoires, IV, 14-15

HOMÈRE
VIIIe s. av. J.-C.

VIRGILE
Ier s. av. J.-C.

CLAUDIEN
Ve s. ap. J.-C.

Prudence

Les légendes hagiographiques dépeignent volontiers le départ de l'âme d'un saint sous la forme d'une colombe blanche, et celui de l'âme des pécheurs ou des impies sous la forme d'un oiseau noir, un corbeau le plus souvent. En voici un très bel exemple, celui d'Eulalie de Mérida, la martyre la plus vénérée d'Espagne.

EULALIE OU L'INNOCENCE DE LA COLOMBE

La martyre ne répond rien à cela, mais elle frémit et crache à la figure du tyran ; puis elle brise les statues et foule aux pieds la farine sacrée placée dans les cassolettes.

Incontinent, deux bourreaux déchirent sa poitrine mince et souple comme un jonc ; de chaque côté, un ongle de fer frappe ses flancs et les déchire jusqu'aux os, tandis qu'Eulalie compte les marques de ses blessures.

« Vous voici écrit sur moi, Seigneur. Que j'aime à lire ces traits qui marquent vos victoires, ô Christ ! La pourpre même du sang que l'on tire de mon corps prononce votre nom sacré. »

Tel était le cantique que, sans pleurer ni gémir, elle chantait, pleine de joie et de courage. Son âme ne sent pas la sinistre douleur. Son corps est teint du sang qui jaillit sans cesse, sa peau est toute baignée de cette source chaude.

Puis voici la dernière torture. Le bourreau ne la blesse plus en déchirant sa chair jusqu'aux os ; il ne laboure plus sa peau ; mais, de tous côtés, la flamme des torches fait rage contre ses flancs et sa poitrine.

Ses cheveux à la douce odeur avaient glissé sur sa gorge et flottaient sur ses épaules, pour que cette parure de sa tête, en s'étendant sur elle, servît de chaste voile à la pudeur et à la beauté de la vierge.

La flamme qui pétille vole jusqu'à son visage ; à travers la chevelure, elle s'empare impétueusement de la tête et en dépasse le sommet. La vierge, qui désire un prompt trépas, recherche le feu et l'aspire.

Et voici que soudain s'élance une colombe que l'on voit, plus éblouissante que la neige, sortir de la bouche de la martyre et s'envoler vers les astres. C'était l'âme d'Eulalie, blanche comme le lait, légère, innocente.

Le cou s'incline, une fois l'âme partie ; le feu du bûcher s'éteint ; les membres sans vie jouissent enfin de la paix ; l'âme, dans le ciel, pousse un cri de triomphe, et gagne à tire-d'aile les domaines d'en haut.

Peristephanon Liber (Le Livre des couronnes), III, 126-170

HOMÈRE
VIII° s. av. J.-C.

VIRGILE
I° s. av. J.-C.

CLAUDIEN
V° s. ap. J.-C.

Quinte Curce

Les chrétiens voyaient dans le fait que certains cadavres ne se décomposaient pas une manifestation de sainteté : par ce signe, Dieu faisait savoir que ces morts avaient rejoint les rangs des élus. Ces légendes de la fraîcheur merveilleuse d'une dépouille étaient déjà connues des païens ; en voici l'un des exemples les plus célèbres, celui d'Alexandre le Grand, décédé en juin de l'an 323 avant notre ère.

DANS LA TOUFFEUR DE L'ÉTÉ
REPOSE L'IMPUTRESCIBLE

Depuis six jours, le corps d'Alexandre gisait dans son sarcophage ; le souci universel de constituer le régime politique avait détourné les esprits d'un devoir si solennel. Nulle part ne règne de chaleur plus ardente qu'en Mésopotamie : à tel point que la plupart des êtres vivants, qu'elle surprend en rase campagne, périssent, tant l'ardeur du soleil et du ciel consume tout comme le feu. Les sources sont rares et, en même temps, la ruse des habitants les tient cachées : ils ont toute latitude de s'en servir, mais les étrangers les ignorent. Je reproduis une tradition plutôt qu'une conviction : quand enfin les Amis eurent le temps de s'occuper du corps, ceux qui entrèrent le virent intact, sans aucune décomposition, sans même la moindre lividité. Cette fraîcheur, qui résulte du souffle vital, n'avait pas encore abandonné ses traits. Aussi les Égyptiens et les Chaldéens, chargés d'embaumer le corps selon l'habitude de chez eux, n'osèrent-ils d'abord approcher leurs mains de ce mort qui semblait respirer. Ensuite, après avoir prié que le ciel et les hommes permissent à des mortels de toucher un dieu, ils nettoyèrent le corps ; le sarcophage d'or fut rempli de parfums, et sur la tête d'Alexandre l'on déposa les insignes de sa fortune.

Histoires, X, 10, 9-13

HOMÈRE
VIIIᵉ s. av. J.-C.

VIRGILE
Iᵉʳ s. av. J.-C.

CLAUDIEN
Vᵉ s. ap. J.-C.

Venance Fortunat

Si l'odeur parfois associée aux cadavres est celle de la charo-gne, signe de leur putréfaction et de la corruption de leur âme, tous les morts n'empestent pas pour autant : il en est, tels les saints, qui laissent dans leur sillage de doux effluves, le doux parfum des justes.

EN ODEUR DE SAINTETÉ

Il y a cependant un moyen de survivre, pieux, gran-diose, plein de douceur et de noblesse : c'est de pou-voir plaire au Dieu éternellement trine. Voilà la vie, la force, la durée et l'exemption de la mort. Par là aussi vient, au-delà de la tombe, une gloire vivifiante. Pour tout dire, par une conduite riche de la fleur des méri-tes, la délicieuse odeur des justes s'exhale du tombeau, brise dont les effluves sont plus agréables que ceux que répand le parfum des Sabéens, plus fort que les senteurs que diffuse une forêt luxuriante. Le cannelier, le souci, le safran, la violette, la rose, le lys ne rivalisent plus : ainsi jamais semblable odeur n'a baigné un nez. Que dire du fait que la mort fait naître en eux un surcroît de puissance et que, tandis que le sépulcre les enferme, ils réchauffent des membres alanguis ? Des corps saints fortifient la vie chancelante de beaucoup, et un homme rendu à la vie échappe au tombeau. Une urne pleine de noblesse abrite les trésors précieux du Tonnant et, sous terre, repose un être qui vole au-dessus des astres. Celui qui vit en se conduisant saintement selon l'amour de Dieu est un étranger sur terre, un citoyen du ciel, quand il s'en va.

Poèmes, VII, 12, 33-50

47

HOMÈRE
VIIIᵉ s. av. J.-C.

VIRGILE
Iᵉʳ s. av. J.-C.

CLAUDIEN
Vᵉ s. ap. J.-C.

Prudence

La résurrection n'est pas seulement le signe de la bien-
veillance de Dieu ; c'est aussi une manifestation visible de sa
toute-puissance et un témoignage vivant de la félicité promise
au croyant. En voici l'un des exemples les plus célèbres, celui de
la résurrection de Lazare de Béthanie, qui deviendra plus tard le
premier évêque de Marseille.

LA RÉSURRECTION DE LAZARE

Devant la porte du tombeau, qu'avaient condamnée,
de leur rude obstacle, d'énormes pierres recouvrant l'ex-
cavation du rocher, le Seigneur s'arrête et appelle par
son nom son ami engourdi dans le froid de la mort : et
voilà qu'aussitôt les blocs rocheux s'écartent en roulant,
et le hideux sépulcre vomit des restes vivants, un cadavre
qui marche. Ôtez-lui maintenant ses liens odorants, heu-
reuses sœurs. Seuls les aromates répandus exhalent leur
parfum ; la brise n'apporte aucune émanation nauséa-
bonde venant de la corruption du corps ; les yeux, déjà
décomposés en pus qui suinte, retrouvent leur beauté
d'autrefois, qui les fait briller comme un miroir, et les
joues qui se putréfiaient se revêtent peu à peu d'un teint
vermeil. Qui donc a pu rendre la vie à ce corps qui tombait en déliquescence ? Certes, c'est celui qui a fait ce
corps, celui qui, de son souffle, a animé les veines humides créées d'une motte d'argile, celui à l'ordre de qui
une terre pourrie, à l'humidité corrompue, se revêtit des
couleurs vives du sang.

Apothéose, 752-766

HOMÈRE
VIIIe s. av. J.-C.

VIRGILE
Ier s. av. J.-C.

CLAUDIEN
Ve s. ap. J.-C.

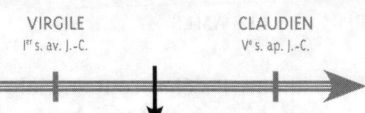

Antoninus Liberalis

Immuable, éternel, insondable, le monde céleste est le domaine des dieux, où les hommes se plaisent à projeter leurs héros et parfois même leurs héroïnes, comme ici les filles d'Orion. On donnait dans l'Antiquité à ce genre d'épisode le nom de « catastérisme », une façon habile de promettre l'immortalité aux belles âmes. Et c'est ainsi qu'au fil des temps le ciel étoilé devint pour les Anciens un grandiose livre d'images.

STAR SYSTEM

Orion, fils d'Hyrieus, eut en Béotie deux filles, Métioché et Ménippé. Lorsque Artémis fit disparaître Orion d'entre les hommes, ses filles restèrent auprès de leur mère qui les élevait. Athéna leur enseignait à tisser la toile à la perfection et Aphrodite leur donna une grande beauté. Mais la peste s'abattit sur toute l'Aonie, et beaucoup de gens en mouraient ; alors on envoya des députés consulter l'oracle d'Apollon de Gortyne, et le dieu leur répondit de supplier les deux dieux infernaux : « Ils apaiseront, dit-il, leur colère, si les deux vierges se sacrifient volontairement en leur honneur. » Mais, évidemment, pas une vierge de toute la ville n'obéit à l'oracle, jusqu'à ce qu'une servante eût rapporté la réponse du dieu aux filles d'Orion. Celles-ci étaient à côté de leur métier au moment où elles furent mises au courant et, aussitôt, elles acceptèrent la mort pour sauver leurs concitoyens avant que l'épidémie ne s'abattît sur elles et ne les fît périr. Après avoir crié trois fois aux dieux infernaux qu'elles s'offraient à eux comme victimes volontaires, elles se frappèrent de leur navette près de la clavicule et s'ouvrirent la gorge. Et toutes deux s'écroulèrent sur le sol. Perséphone et Hadès prirent en pitié les jeunes filles : ils rendirent invisibles leurs cadavres et, à leur place, ils firent monter du sol deux astres qui, aussitôt apparus, s'élevèrent au ciel ; les hommes appelèrent ces astres *comètes*. Et tous les Aones fondèrent à Orchomène, en Béotie, un sanctuaire illustre en l'honneur de ces vierges. Tous les ans, des jeunes gens et des jeunes filles leur apportent des offrandes expiatoires. Et, de nos jours encore, les Éoliens les appellent les *Vierges Coronides*.

Les Métamorphoses, 25

HOMÈRE
VIIIe s. av. J.-C.

VIRGILE
Ier s. av. J.-C.

CLAUDIEN
Ve s. ap. J.-C.

Venance Fortunat

Chez les païens, les héros et les empereurs les plus aimés du peuple recevaient à leur mort l'hommage de l'apothéose, qui les élevait au rang de divinité. La tradition chrétienne s'inspirera de ce rite de divinisation posthume pour glorifier ses saints, comme saint Martin, le premier évêque de Tours.

APOTHÉOSE

Parmi les rangs des apôtres et les saints prophètes, les chœurs des martyrs et les troupes lumineuses du ciel, où resplendit cette armée, conduite par le Roi invincible, dans chaque escadron, légion, cohorte avec leurs chefs, en ordre croissant de grade, soldat, comte, duc ou consul, un tel resplendit dans une toge blanche, un autre sous une brillante couronne, un tel est vêtu d'une prétexte, un autre rehaussé d'un diadème, ceux-ci sont parés d'une chlamyde, ceux-là de bracelets de topaze. Ici flamboie un baudrier, là un bandeau donne de l'éclat à une chevelure ; sur l'un brille la parure de la tunique palmée, sur l'autre celle de la trabée, où les joyaux et l'or, la pourpre et le lin dessinent des motifs. Nos yeux ne voient pas les richesses de ce sénat du ciel. Mais toi, Martin, tu jouis de ces biens, sous l'autorité du roi céleste, tu te mêles aux chœurs des anges et aux patriarches, par tes mérites tu égales les apôtres, tu as même rang que les prophètes, tu te joins aux martyrs que rougit le flot de leur sang, confesseur radieux dont la blancheur surpasse celle du lys, nimbé d'un éclat lumineux, étincelant de beauté, tu avances librement dans les hautes demeures du Roi, puissante recrue, enrôlé à jamais sur les registres des citoyens du ciel ; tu portes en étendard l'arme de la croix illustrée par les triomphes, Martin plein de bonté, mon cœur doit te vénérer, ma bouche te célébrer.

Vie de saint Martin, II, 446-467

51

III

SIXIÈME SENS

BRISER LA LOI DU SILENCE

Ce qui frappe d'emblée, au royaume des morts, c'est le silence assourdissant de leur troupe. Comme le veut la loi du mythe, les défunts sont, en général, privés de la parole, et les Anciens se représentent traditionnellement les Enfers peuplés d'ombres muettes, flottant parmi d'autres ombres muettes. Pourtant, les trépassés se font entendre, et c'est d'abord par le bruit qu'ils se manifestent aux vivants : bruits de pas ou de coups, fracas de chaînes métalliques ou encore sonnerie de trompette, mais aussi sons inarticulés, tels les cris, les pleurs ou les gémissements. Puis viennent les voix articulées, répétant obsessionnellement un mot ou une phrase. Enfin, l'espace retentit parfois de véritables « fantasmagories sonores » : scènes de liesse ou tumultes de guerre, faisant revivre à jamais les grandes batailles du passé. Ce tintamarre signifie aux vivants qu'ils ne sont pas seuls sur terre, que les Invisibles existent, esprits ou défunts. Les royaumes souterrains ne sont pas fermés, et les morts peuvent en revenir à tout moment, eux qui continuent à vivre là, tout près.

Pline le Jeune

Dans les croyances antiques, la parole articulée est souvent refusée aux morts ; il ne leur reste donc plus qu'à crier, pleurer ou frapper pour se faire entendre des vivants. Le fantôme qui vient à la rencontre d'Athénodore est, comme le veut la tradition, absolument muet : il agite ses chaînes pour attirer l'attention et, quand il le faut, s'exprime par signes. Le bruit devient ainsi une forme de langage, un substitut de la parole. Cette histoire de fantôme est l'une des plus célèbres de l'Antiquité ; Oscar Wilde la connaissait et l'exploita avec bonheur dans Le Fantôme de Canterville.

TAPAGE NOCTURNE

Il y avait à Athènes une maison vaste et commode, mais mal famée et maudite. Pendant le silence de la nuit, un son métallique se faisait entendre ; prêtait-on l'oreille, un bruit de chaînes résonnait au loin d'abord, puis plus près ; ensuite apparaissait un spectre ; c'était un vieillard exténué de maigreur et en haillons avec une grande barbe et des cheveux hérissés. Il portait aux pieds des entraves, aux mains des fers qu'il agitait. Aussi les habitants passaient-ils des nuits sinistres et affreuses, privés de sommeil par l'effroi ; cette absence de sommeil amenait une maladie, puis, la frayeur allant croissant, la mort. Car, même en plein jour, quand l'apparition n'était plus là, leurs yeux en étaient obsédés, et la crainte survivait aux motifs de crainte. En conséquence, la maison fut désertée, condamnée à l'abandon et laissée tout entière au fantôme. Elle était cependant affichée pour le cas où quelqu'un trouverait à vouloir l'acheter ou la louer, dans l'ignorance d'une pareille tare.

À Athènes vint le philosophe Athénodore ; il lut l'affiche, sut le prix, dont la modicité le mit en éveil ; il s'informe, apprend tout, en dépit de quoi, ou plutôt à cause de quoi, il la loue. À la tombée de la nuit, il se fait préparer un lit dans la partie antérieure de la maison, apporter de petites tablettes, un stylet, de la lumière ; il envoie tous ses gens au fond de la demeure, tandis que lui absorbe dans l'étude son attention, ses yeux, sa main, afin que l'imagination livrée à elle-même n'aille pas lui représenter des bruits de fantômes et de vaines craintes. D'abord, comme partout ailleurs le silence nocturne ; puis, des coups sur du métal, un remuement de chaînes. Lui ne lève pas les yeux, ne lâche pas son stylet, mais s'obstine dans son attention et s'efforce de l'opposer aux perceptions de son oreille. Alors le bruit augmente, ne cesse d'approcher et, à ce moment, semble retentir sur le seuil, puis au-delà du seuil. Il se retourne, voit et reconnaît l'apparition qu'on lui a décrite. Elle était là, dressée et faisant signe du doigt, comme quelqu'un qui appelle. Le philosophe à son tour donne à entendre d'un geste qu'elle attende un peu et se penche de nouveau sur ses tablettes et son stylet. L'autre, au-dessus de sa tête, pendant qu'il écrivait, frappait ses fers. Se retournant, il voit encore l'apparition faire le même signe qu'auparavant et, sans hésiter, prend la lumière et la suit. Elle marchait lentement, comme alourdie par ses chaînes. Après qu'elle eut tourné pour arriver à la cour de la maison, subitement évanouie, elle laisse seul son compagnon. Une fois seul, celui-ci fait un tas d'herbes et de feuilles et marque exactement l'endroit. Le lendemain, il va trouver les magistrats et leur dit d'y faire creuser un trou. On trouve engagés et mélangés dans des fers des os, que les chairs tombées en poussière par l'action du temps et l'humidité de la terre avaient laissés dépouillés et rongés au milieu des chaînes. Recueillis par l'initiative de l'administration, ils sont enterrés. Après cela, la maison ne fut plus visitée par les mânes, désormais pourvus d'une sépulture en règle.

Lettres, VII, 27, 5-11

HOMÈRE
VIIIᵉ s. av. J.-C.

VIRGILE
Iᵉʳ s. av. J.-C.

CLAUDIEN
Vᵉ s. ap. J.-C.

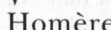

Homère

L'âme d'un défunt est souvent représentée dans l'Antiquité comme un oiseau ou un insecte volant, tel le Bâ des Égyptiens ou l'eidolon des Grecs. Voilà sans doute pourquoi Homère compare à des chauves-souris les âmes des prétendants de Pénélope, massacrés par Ulysse. Mais on en retiendra surtout qu'elles s'envolent dans l'Hadès avec de petits cris aigus, caractéristiques des spectres antiques.

LES CHAUVES-SOURIS

Répondant à l'appel de l'Hermès du Cyllène, les âmes des seigneurs prétendants accouraient : le dieu avait en mains la belle baguette d'or, dont il charme les yeux des mortels ou les tire à son gré du sommeil. De sa baguette, il donna le signal du départ ; les âmes, en poussant de petits cris, suivirent…

Dans un antre divin, où les chauves-souris attachent au rocher la grappe de leurs corps, si l'une d'elles lâche, toutes prennent leur vol avec de petits cris : c'est ainsi qu'au départ leurs âmes bruissaient. Le dieu de la Santé, Hermès, les conduisait par les routes humides ; ils s'en allaient, suivant le cours de l'Océan : passé le Rocher Blanc, les portes du Soleil et le pays des Rêves, ils eurent vite atteint la Prairie d'Asphodèles, où les ombres habitent, fantômes des défunts, et c'est là qu'ils trouvèrent, près de l'ombre du fils de Pélée, près d'Achille, les ombres de Patrocle, du parfait Antiloque et d'Ajax, le plus beau par la mine et la taille de tous les Danaens ; seul, le fils de Pélée le surpassait encore. Ils entouraient Achille quand l'ombre de l'Atride Agamemnon survint. Elle était tout en pleurs et menait le cortège de ceux qui, chez Égisthe, avaient trouvé la mort et subi le destin.

L'Odyssée, XXIV, 1-22

HOMÈRE
VIIIe s. av. J.-C.

VIRGILE
Ier s. av. J.-C.

CLAUDIEN
Ve s. ap. J.-C.

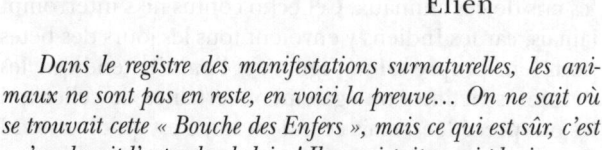

Élien

Dans le registre des manifestations surnaturelles, les animaux ne sont pas en reste, en voici la preuve... On ne sait où se trouvait cette « Bouche des Enfers », mais ce qui est sûr, c'est qu'on devait l'entendre de loin ! Il en existait aussi plusieurs en Grèce et en Italie ; elles étaient toutes des hauts lieux de sorcellerie et de nécromancie.

LE GOUFFRE DE PLUTON

Il y a en Inde, chez les Ariens, un « Gouffre de Pluton » au fond duquel se trouvent des galeries mystérieuses, des chemins secrets et des passages invisibles aux hommes, qui s'enfoncent dans les profondeurs et s'étendent sur une grande distance. Comment ces cavées se sont formées et de quelle façon elles ont été creusées, les Indiens ne le disent pas et je n'ai pas la curiosité de m'en informer. Toujours est-il que les Indiens y amènent plus de trois mille têtes de bétail : des moutons, des chèvres, des bœufs et des chevaux. Et quiconque a eu un rêve effrayant, ou bien a été plongé dans l'inquiétude par une voix, un avertissement divin ou un oiseau de mauvais augure, y précipite une bête, qui est fonction de ses moyens économiques, en échange de sa propre vie au prix de celle de l'animal. Et l'on n'y amène pas les bêtes en les appâtant avec de la nourriture, ou en les poussant tout simplement devant soi : elles suivent spontanément ce chemin jusqu'au bout, sous l'emprise d'une attirance et d'un charme mystérieux. Une fois arrivées au-dessus de l'ouverture, elles y sautent spontanément et, alors que l'œil humain a cessé de les distinguer et de pouvoir suivre leur chute dans le gouffre insondable et abyssal de la terre, on entend d'en haut les mugissements des bœufs, les bêlements des moutons, les hennissements des chevaux et les béguètements des chèvres. Et si l'on se

59

promène au sommet du gouffre et qu'on s'en approche en tendant l'oreille, on peut entendre venant de très loin les cris de ces animaux. Cet écho confus ne s'interrompt jamais, car les Indiens y envoient tous les jours des bêtes pour leur propre salut. J'ignore si l'on n'entend que les dernières victimes ou également certaines de celles qui les ont précédées, mais ce qui est sûr, c'est qu'on entend des cris.

La Personnalité des animaux, XVI, 16

HOMÈRE
VIIIᵉ s. av. J.-C.

VIRGILE
Iᵉʳ s. av. J.-C.

CLAUDIEN
Vᵉ s. ap. J.-C.

Plutarque

Les témoignages ici rassemblés ne sont pas seulement ceux de simples matelots ou d'hommes sans instruction, puisque l'un des témoins est un vénérable professeur de grammaire. Les savants de l'époque, en tout cas, pas plus que l'empereur Tibère, ne voulurent voir dans ce récit une hallucination collective d'ignorants ou d'illuminés et ils procédèrent à une enquête approfondie pour découvrir qui était « le grand Pan » en question.

LA RIVE AUX SANGLOTS

Le rhéteur Émilien, dont certains d'entre vous ont suivi les leçons, avait pour père Épithersès, mon compatriote et mon professeur de lettres. Celui-ci racontait qu'un jour, se rendant en Italie par mer, il s'était embarqué sur un navire qui transportait des marchandises et de nombreux passagers. Le soir, comme on se trouvait déjà près des îles Échinades, le vent soudain tomba et le navire fut entraîné par les flots dans les parages de Paxos. La plupart des gens à bord étaient éveillés et beaucoup continuaient à boire après le repas. Soudain, une voix se fit entendre qui, de l'île de Paxos, appelait à grands cris Thamous. On s'étonna. Ce Thamous était un pilote égyptien et peu de passagers le connaissaient par son nom. Il s'entendit nommer ainsi deux fois sans rien dire, puis, la troisième fois, il répondit à celui qui l'appelait, et celui-ci, alors, enflant la voix, lui dit : « Quand tu seras à la hauteur de Palodès, annonce que le grand Pan est mort. »

En entendant cela, continuait Épithersès, tous furent glacés d'effroi. Comme ils se consultaient entre eux pour savoir s'il valait mieux obéir à cet ordre ou ne pas s'en inquiéter et le négliger, Thamous décida que, si le vent soufflait, il passerait le long du rivage sans rien dire, mais que, s'il n'y avait pas de vent et si le calme régnait à l'endroit indiqué, il répéterait ce qu'il avait entendu. Or, lorsqu'on arriva à la hauteur de Palodès, il n'y avait pas un souffle d'air, pas une vague. Alors Thamous, placé à la poupe et tourné vers la terre, dit, suivant les paroles entendues : « Le grand Pan est mort. » À peine avait-il fini qu'un grand sanglot s'éleva, poussé non pas par une, mais par beaucoup de personnes, et mêlé de cris de surprise.

Sur la disparition des oracles, 17(419a-d)

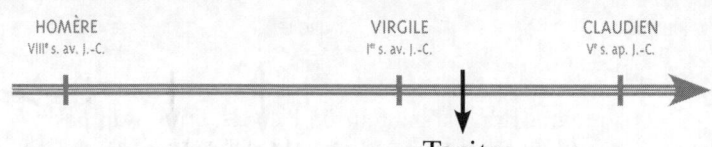

HOMÈRE
VIIIᵉ s. av. J.-C.

VIRGILE
Iᵉʳ s. av. J.-C.

CLAUDIEN
Vᵉ s. ap. J.-C.

Tacite

Il arrive souvent, dans l'Antiquité, que l'on entende des voix souterraines sortir des tombeaux : ce sont habituellement des pleurs ou des gémissements, mais les trompettes funèbres qui résonnent ici sans fin aux oreilles de Néron lui font revivre chaque jour le meurtre de sa propre mère, Agrippine.

LES TROMPETTES DE LA MORT

Quant à César, ce fut seulement une fois le crime consommé qu'il en comprit l'énormité. Pendant le reste de la nuit, tantôt figé dans le silence et l'abattement, plus souvent se dressant sous le coup de l'épouvante et de l'égarement, il attendait la lumière du jour, comme si elle devait lui apporter le trépas. Alors, à l'instigation de Burrus, l'adulation des centurions et des tribuns commença à le raffermir en lui rendant l'espoir : ils lui prenaient la main et le félicitaient d'avoir échappé à un péril imprévu et à l'action criminelle de sa mère. Puis ses amis se rendent aux temples, et, l'exemple une fois donné, les municipes voisins de Campanie témoignent leur allégresse par des sacrifices et des députations. Lui-même, par une dissimulation contraire, affecte la tristesse, comme s'il s'en voulait d'avoir survécu et versait des larmes sur la mort de sa mère. Cependant, si l'homme change de visage, l'aspect des lieux ne change pas, et la vision incessante de cette mer et de ces rivages l'importunait – on croyait même entendre le son de la trompette sur les collines environnantes et des gémissements sortir du tombeau de sa mère ; il se retira donc à Naples et envoya un message au Sénat, où il disait en substance qu'on avait trouvé muni d'un poignard, prêt à tuer, Agermus, un des affranchis et des confidents d'Agrippine, et qu'elle s'était punie elle-même, se sentant coupable d'avoir préparé le crime.

Annales, XIV, 10

HOMÈRE
VIIIᵉ s. av. J.-C.

VIRGILE
Iᵉʳ s. av. J.-C.

CLAUDIEN
Vᵉ s. ap. J.-C.

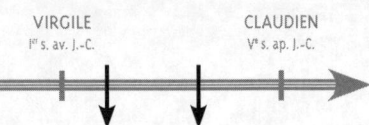

Pomponius Mela & Jamblique

L'Éthiopie est, pour les Anciens, la patrie d'êtres fabuleux et démoniaques : les satyres, les égipans ou encore les Atlantes, qui profèrent des imprécations contre le soleil levant et couchant, qui n'ont pas de songes comme les autres hommes, ne jouissent ni de la voix ni de la parole et n'adorent que les dieux infernaux. La nuit venue, ces créatures des ténèbres se font concertistes, emplissant l'espace d'une musique qui résonne aux frontières du réel.

SYMPHONIES FANTASTIQUES

Au-delà de la montagne, il y a une colline verdoyante qui recouvre sur une longue distance un long rivage et d'où l'on voit les plaines, s'étendant à perte de vue, des égipans et des satyres. C'est là une croyance accréditée par le fait que, bien qu'il ne s'y trouve rien de cultivé, aucun lieu d'habitation, aucun vestige, qu'il y règne le jour une solitude désolée et un silence plus désolé encore, la nuit scintillent une multitude de feux et que l'on peut voir apparaître un camp d'une vaste étendue, que retentissent des cymbales et des tambourins et que l'on entend des flûtes aux sonorités surnaturelles.

Chorographie, III, 95

Mais ces créatures ne sont pas les seules à être mélodieuses. Selon Pythagore et ses disciples, le son dans ses rapports harmoniques régit l'univers. Tout chante… même les morts, et surtout les pythagoriciens !

Pythagore devait aussi à sa piété sa foi dans les dieux : il rappelait en effet sans cesse que l'on ne doit rien refuser de croire de merveilleux concernant les dieux, ou concernant des enseignements divins, dans la pensée que les dieux peuvent toutes choses. Et ils appellent « divins » les enseignements (auxquels il faut croire) que Pythagore leur a enseignés. En tout cas, ils croyaient à ces enseignements et étaient tellement persuadés qu'ils ne pouvaient être faux qu'Eurytos de Crotone, un disciple de Philolaos, lorsqu'un berger lui rapporta qu'en plein midi il avait entendu la voix de Philolaos sortant de sa tombe, et cela alors qu'il était mort depuis de longues années, comme s'il chantait, lui dit : « Et, par les dieux, en quel ton ? »

Vie de Pythagore, 148

HOMÈRE
VIII' s. av. J.-C.

VIRGILE
I'' s. av. J.-C.

CLAUDIEN
V' s. ap. J.-C.

Plutarque

Le fantôme de Cléonice a tout d'un fantôme moderne : chaque nuit, il apparaît à son assassin, toujours au même endroit, sur les lieux du crime, pour, inlassablement, lui seriner un même refrain, le refrain de la vengeance.

LE REFRAIN DE CLÉONICE

On raconte que Pausanias envoya chercher une jeune fille de Byzance, nommée Cléonice, dont les parents étaient des notables, dans l'intention d'abuser d'elle ; les parents, cédant à la nécessité et à la crainte, livrèrent leur fille. Celle-ci, ayant prié les serviteurs postés dans l'antichambre d'enlever la lumière et, s'avançant en silence dans l'obscurité vers le lit où Pausanias était déjà endormi, tomba et renversa la lampe par mégarde. Lui, réveillé en sursaut par le bruit et croyant qu'un ennemi l'attaquait, tira le poignard placé à son chevet et en frappa la jeune fille, qui s'écroula et mourut du coup qu'il lui avait porté. Mais elle ne laissa plus de repos à Pausanias, et ne cessa de lui apparaître la nuit pendant son sommeil sous forme de fantôme et de lui répéter avec colère ce vers épique : « Marche à ton châtiment : c'est un grand mal pour les hommes que la violence. » L'indignation des alliés fut alors portée à son comble ; ils se joignirent à Cimon pour assiéger Pausanias et le chasser de la ville. Quand il en fut sorti, toujours harcelé, dit-on, par le fantôme, il eut recours à l'oracle des morts d'Héraclée, et, évoquant l'âme de Cléonice, il l'adjura d'apaiser sa colère. Elle lui apparut et lui dit que ses maux cesseraient bientôt, dès qu'il serait à Sparte, faisant ainsi une allusion voilée à sa mort prochaine.

Vies, Cimon, VI, 4-7

VISIONS D'HORREUR

Quand les morts se rendent visibles, à leurs proches le plus souvent, ils ont à peu près figure humaine et se présentent tels qu'ils étaient à l'heure de leur décès, ou juste après, ce qui permet au bénéficiaire de l'apparition de les reconnaître. Ils peuvent aussi exhiber un signe distinctif lié à leur mort, comme la plaie béante qui les a fait passer de vie à trépas. Ce sont alors le plus souvent des êtres évanescents et immatériels, qui se volatilisent dans l'air au contact des vivants ; ils prennent en ce cas des noms vagues et incolores : âmes, ombres, esprits, images, apparitions, spectres ou fantômes...

Mais les récits antiques mettent aussi en scène des morts qui offrent de façon troublante une consistance, une densité, une résistance particulières au contact des humains. Ce ne sont plus alors de vagues silhouettes incorporelles et translucides, mais d'authentiques revenants en chair, des trépassés dont le corps ne se décompose pas, des « morts vivants ».

Enfin, les spectres qui se manifestent aux vivants sont parfois aussi de parfaits inconnus ; afin de permettre à tous de les distinguer des humains, les auteurs antiques placent dans leurs propres œuvres des signaux d'alerte : ils seront alors plus grands que nature ou noirs comme de la suie.

Lucien

Dans l'Hadès païen comme dans l'Enfer chrétien, les défunts sont traditionnellement représentés comme des ombres sans corps ni substance, des espèces d'ectoplasmes. C'est aussi bien souvent sous cette forme que les fantômes apparaissent sur terre aux vivants.

AU ROYAUME DES OMBRES

Ils portent pour vêtements de fines toiles d'araignée teintes de pourpre. Eux-mêmes n'ont pas de corps, ils sont impalpables, sans chair, n'offrant à la vue qu'une forme et une apparence. Bien qu'ils soient incorporels, ils ont une consistance, se meuvent, pensent et font entendre une voix. En somme, on a l'impression que leur âme, toute nue, circule revêtue de la ressemblance de leur corps. En tout cas, à moins de les toucher, on ne saurait prouver que ce qu'on voit n'est pas un corps, car ils sont comme des ombres qui se tiendraient debout et ne seraient pas noires. Personne ne vieillit : on reste à l'âge qu'on avait en arrivant. Il n'y a chez eux ni nuit, ni jour tout à fait clair : la lumière qui règne sur la contrée ressemble à celle qui précède l'aurore, quand le soleil n'est pas encore levé. Ils connaissent une seule saison dans l'année : c'est un printemps perpétuel, et un seul vent, le zéphyr, souffle chez eux.

Histoires vraies, II, 12

HOMÈRE
VIIIᵉ s. av. J.-C.

VIRGILE
Iᵉ s. av. J.-C.

CLAUDIEN
Vᵉ s. ap. J.-C.

Plutarque

Dans l'Antiquité, comme dans toutes les cultures, la longueur de l'ombre, sa présence ou son absence ont donné naissance à bon nombre de croyances et de superstitions populaires : c'est que l'âme lui est volontiers identifiée, si bien que la force de l'une dépend de la longueur de l'autre. Et si les morts ne projettent pas d'ombre, c'est que leur corps ne fait plus obstacle aux rayons du soleil.

FANTÔMES DE LUMIÈRE

C'est alors qu'il reconnut, dit-il, l'âme d'un cousin à lui ; à vrai dire, il n'en était pas bien sûr, car celui-ci était mort alors qu'il était tout enfant. Mais l'âme s'approcha tout près et dit : « Bonjour, Thespésios. » Lui s'étonne et déclare qu'il ne se nomme pas Thespésios, mais Ardiée. « Oui, auparavant, reprit l'autre, mais désormais, tu es Thespésios. En vérité, tu n'es pas mort, mais tu es venu ici, par un décret des dieux, avec la partie pensante de ton âme ; tu as laissé le reste dans ton corps, comme une ancre. Mais que cela te serve d'indice pour maintenant et pour plus tard : les âmes des morts ne font pas d'ombre et leurs yeux ne clignent pas. » Ces paroles amenèrent Thespésios à réfléchir davantage et, en regardant attentivement, il constata qu'une ligne floue et sombre flottait autour de lui, tandis que les autres répandaient de tous côtés un vif éclat et étaient translucides ; cependant, tous ne brillaient pas de même manière : les uns, semblables au plus pur clair de lune, répandaient un éclat uniforme, lisse, continu, régulier ; d'autres étaient marbrés de plaques et semés de meurtrissures ; d'autres étaient tout à fait bigarrés et d'aspect étrange comme les vipères mouchetées de noir ; quelques-uns enfin portaient des cicatrices.

Les Délais de la justice divine, 24(564c-d)

HOMÈRE
VIIIe s. av. J.-C.

VIRGILE
Ier s. av. J.-C.

CLAUDIEN
Ve s. ap. J.-C.

Lucien

Qu'ils se présentent sous forme de crânes ou de squelettes, les ossements humains sont dans toutes les civilisations un symbole funéraire ainsi qu'une métaphore de la mort physique, qui doit nous inviter à réfléchir sur la vanité de l'existence.

VANITAS VANITATUM

Après les avoir laissés derrière nous eux aussi, nous arrivâmes dans la plaine de l'Achéron. Nous y trouvâmes les demi-dieux, les héroïnes et la foule des autres morts, répartis en fonction de leurs nations et de leurs tribus. Les uns étaient vieux, moisis, et, comme le dit Homère, « sans consistance » ; les autres étaient encore bien préservés et avaient une certaine solidité, surtout les Égyptiens, à cause de la résistance de leur saumure. D'ailleurs, il n'était pas facile du tout de distinguer quelqu'un : ils deviennent vraiment tous semblables une fois que leurs os ont été dépouillés de la chair. Cependant, à grand-peine, à force de les regarder, nous les reconnaissions. Ils étaient entassés les uns sur les autres, obscurs, anonymes, ne gardant plus rien de la beauté qu'ils avaient chez nous. Dans cette foule de squelettes couchés au même endroit, comme tous avaient le même regard terrible et vide, montrant leurs dents nues, j'avais peine à distinguer Thersite du beau Nirée, le mendiant Iros du roi des Phéaciens, le cuisinier Pyrrhias d'Agamemnon. Il ne leur restait aucune de leurs anciennes caractéristiques : les os étaient semblables, méconnaissables, sans aucune marque, impossibles désormais à distinguer par quiconque.

Ménippe ou la Consultation des morts, 15

Pétrone

Les Romains se représentaient les « larves » tantôt sous forme de spectres pâles et grimaçants, tantôt sous forme de squelettes ou de pantins désarticulés, susceptibles de prendre les attitudes les plus grotesques. Chez Trimalcion, un esclave dresse sur la table du festin une « larve », squelette d'argent dont l'agencement se prête à toutes les contorsions, image horrible de la mort qui excite à jouir de la vie ; il s'agit d'une coutume égyptienne, déjà rapportée par Hérodote.

DANSE MACABRE

Aussitôt furent apportées des amphores de verre, soigneusement cachetées de plâtre, sur le col desquelles étaient attachées des étiquettes avec la mention « Falerne de cent ans, consulat d'Opimius ». Tandis que nous déchiffrions le texte, Trimalcion battit des mains : « Misère, voilà que le vin vit plus longtemps que les pauvres petits hommes ! Buvons donc comme des trous ! Le vin, c'est la vie. C'est du vrai opimien, je vous garantis. Hier, je n'en ai pas servi d'aussi bon, et j'avais du bien meilleur monde à dîner. » Nous buvions donc et nous nous extasiions consciencieusement sur ces splendeurs lorsqu'un esclave apporta un squelette d'argent si bien ajusté que ses articulations et les jointures de ses vertèbres pouvaient se plier dans tous les sens. Après l'avoir jeté plusieurs fois sur la table où la mobilité de son assemblage lui avait fait prendre des positions variées, Trimalcion proféra : « Pauvres humains chétifs, nous ne sommes qu'un rien, Orcus prendra nos os comme il a pris les siens, tant qu'il se peut vivons donc, vivons bien ! »

Satiricon, XXXIV, 4-9

HOMÈRE
VIII° s. av. J.-C.

VIRGILE
I° s. av. J.-C.

CLAUDIEN
V° s. ap. J.-C.

Lucien

Les spectres conservent généralement l'aspect qu'ils avaient à leur dernière heure : les morts noyés sont mouillés, les assassinés couverts de sang et les empoisonnés bouffis. C'est presque un jeu d'enfant de les identifier d'après l'état de leur ombre lorsqu'ils arrivent en Enfer – un jeu d'enfant auquel le cynique Ménippe se livre ici sur un ton railleur.

ÉLÉMENTAIRE, MON CHER WATSON !

FANTÔMES DE BLESSÉS DE GUERRE

Arrivés au lac, nous faillîmes ne pas pouvoir traverser : la barque était déjà encombrée et remplie de gémissements. Tous les passagers étaient blessés, l'un à la jambe, un autre à la tête, ou victime de quelque autre mutilation, ce qui me fit penser qu'ils arrivaient d'un combat.

FANTÔME D'EMPOISONNÉ

Socrate circulait là-bas aussi en questionnant tout le monde. Près de lui se trouvaient Palamède, Ulysse, Nestor et tous les morts bavards. Les jambes de Socrate étaient encore enflées et boursouflées par le poison qu'il avait bu.

Ménippe ou la Consultation des morts, 10-12

FANTÔME DE GRAND BRÛLÉ

MÉNIPPE. – Mais en voici un qui est couvert de charbon. On dirait un pain cuit sous la cendre. Sa peau est pleine de pustules : qui est-ce ?

ÉAQUE. – C'est Empédocle, Ménippe : il est tombé de l'Etna à moitié rôti.

MÉNIPPE. – Mon brave ami aux sandales de bronze, qu'est-ce qui t'a pris d'aller te jeter ainsi dans les cratères ?

EMPÉDOCLE. – Un accès de mélancolie, Ménippe.

FANTÔMES D'INTOXIQUÉS

HERMÈS. – Ah ! Ceux d'autrefois, Charon, tu sais dans quel état ils arrivaient ! Tous vaillants, couverts de sang et de blessures pour la plupart ! Maintenant, c'est un homme empoisonné par son fils ou sa femme ; un autre dont la bonne chère a fait enfler le ventre ou les jambes ; ils sont tous pâles et sans vigueur. Rien à voir avec ceux d'avant. La plupart viennent à cause de l'argent, parce qu'apparemment ils ont comploté les uns contre les autres.

FANTÔME D'AFFAMÉ

DIOGÈNE. – Pour ma part, je suis descendu avec Blepsias, l'usurier du Pirée, Lampis, l'Acarnanien qui commandait les troupes auxiliaires, et le riche Damis de Corinthe. Damis avait été empoisonné par son fils. Lampis s'était tranché la gorge par amour pour l'hétaïre Myrtion. Le malheureux Blepsias s'était laissé mourir de faim : il était tout vert et d'une maigreur extrême.

Dialogues des morts, VI(20), 4 ; XIV(4), 2 ; XXII(27), 7

HOMÈRE
VIIIᵉ s. av. J.-C.

VIRGILE
Iᵉʳ s. av. J.-C.

CLAUDIEN
Vᵉ s. ap. J.-C.

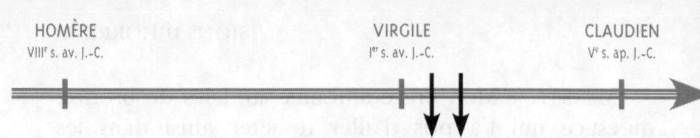

Valère Maxime & Tacite

Qu'il s'agisse de défunts ou de démons, même quand on ne les connaît pas, les esprits de la nuit se laissent facilement identifier : ils sont plus grands que nature, inquiétants, de couleur noire, parfois dépeints comme des Éthiopiens ou des Africains, souvent hirsutes… et dans ce cas toujours nuisibles !

NOIRS COMME L'ENFER

Une fois qu'à Actium les forces d'Antoine eurent été détruites, Cassius de Parme, qui avait suivi son parti, s'enfuit à Athènes. Là, en pleine nuit, il était étendu sur son lit, accablé de soucis et d'inquiétudes, quand il crut voir venir vers lui un jeune homme de grande taille au teint foncé, la barbe hirsute et les cheveux mal peignés, et, quand il lui demanda qui donc il était, l'autre lui répondit : « Ton mauvais génie. » Alors, terrifié par l'horreur de cette vision et par ce nom effrayant, il cria après ses domestiques et les interrogea pour savoir s'ils avaient vu quelqu'un ayant pareille allure entrer dans sa chambre ou en sortir. Comme ils affirmaient que personne ne s'en était approché, il s'allongea de nouveau, il se rendormit et la même apparition se présenta à lui. Aussi le sommeil l'abandonna, il fit apporter de la lumière dans la pièce et il interdit aux domestiques de s'éloigner de lui. Entre cette nuit-là et l'exécution capitale que César lui infligea, il s'est écoulé bien peu de temps.

Faits et dits mémorables, I, 7, 7

*

Un texte célèbre de Tacite nous apprend que les guerriers de la tribu germanique des Haries se grimaient en noir pour combattre ; il ne s'agit pas d'une ruse de guerre, mais plutôt d'une façon de mobiliser les forces des ténèbres, d'une identification magique à l'armée des esprits.

Quant aux Haries, en plus d'une puissance par laquelle ils dépassent les peuples que je viens d'énumérer, leur âme farouche enchérit encore sur leur sauvage nature en empruntant les secours de l'art et du moment : boucliers noirs, corps peints ; pour combattre, ils choisissent des nuits noires ; l'horreur seule et l'ombre qui accompagnent cette armée de lémures suffisent à semer l'épouvante, aucun ennemi ne soutenant cette vue étonnante et infernale, car en toute bataille les premiers vaincus sont les yeux.

La Germanie, XLIII, 5

HOMÈRE
VIIIe s. av. J.-C.

VIRGILE
Ier s. av. J.-C.

CLAUDIEN
Ve s. ap. J.-C.

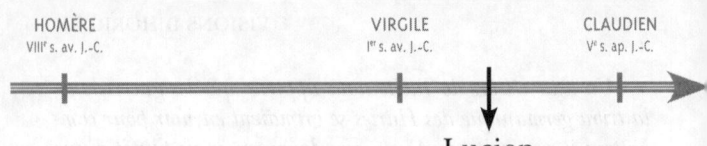

Lucien

Voici un groupe de jeunes gens dont la tenue annonce celle du serial killer *dans un film d'horreur bien connu des amateurs du genre :* Scream. *On ne s'étonnera guère de la réaction de Démocrite si l'on songe qu'il fut, avec le philosophe Leucippe, l'un des pères fondateurs de l'atomisme grec, qui ne croit pas en la survie de l'âme après la mort et encore moins en l'existence des spectres.*

SCREAM

Un homme, dis-je, mérite, par Zeus ! une grande admiration : le fameux Démocrite d'Abdère. Il était tellement convaincu qu'aucune apparition de ce genre ne peut avoir la moindre consistance qu'il s'enferma dans un tombeau hors de la ville. Il y passait son temps à écrire et à composer, de jour comme de nuit. Des jeunes gens voulurent se moquer de lui et lui faire peur : enfilant des vêtements noirs d'un goût macabre et des masques qui imitaient des crânes, ils se placèrent autour de lui et firent la ronde à toute vitesse, en bondissant. Mais leur mascarade ne l'effraya pas ; sans même tourner les yeux vers eux, il continua d'écrire en leur lançant : « Cessez de plaisanter ! », tant il croyait fermement que les âmes ne sont plus rien dès qu'elles ont quitté les corps.

L'Ami du mensonge ou l'Incrédule, 32

IV

QUATRIÈME DIMENSION

FRACTURES DU TEMPS

« Nuit enfanta l'odieuse Mort, et la noire Kère et le Trépas. Elle enfanta Sommeil et, avec lui, toute la race des Songes – et elle les enfanta seule, sans dormir avec personne, Nuit la ténébreuse. » C'est Hésiode qui le dit, dans sa *Théogonie*.

Si le jour est le royaume des vivants, la nuit est, par essence, l'empire des morts : alors les verrous tombent et libèrent les ombres prisonnières, qui errent à l'aventure pour assaillir les vivants, mais les lois leur ordonnent de revenir aux étangs du Léthé aux premières lueurs de l'aube. Les morts se manifestent donc surtout la nuit, en rêve, mais aussi à des hommes éveillés : au crépuscule, au clair de lune, à minuit ou plus tard encore. Le soir venu, mieux vaut ne pas s'aventurer dehors ! On redoute de rencontrer les Nocturnes, car on ne sait jamais ce que réserve la rencontre… Et même plus tôt, dans la journée, car les esprits ne sont pas toujours les hôtes des ténèbres et n'attendent pas forcément l'obscurité pour apparaître. Certains revenants se manifestent plutôt à l'aube, ou même en plein jour : ce sont les plus maléfiques de tous, les « démons de midi ».

HOMÈRE
VIIIe s. av. J.-C.

VIRGILE
Ier s. av. J.-C.

CLAUDIEN
Ve s. ap. J.-C.

Ovide

La nuit est l'espace du rêve, et le rêve est l'espace des spectres et des fantômes. Dans la mythologie grecque, Hypnos était le dieu du Sommeil ; il avait pour frère jumeau Thanatos, la Mort. Son fils Morphée pouvait adopter à sa guise n'importe quelle forme humaine, d'où son nom. Lorsque Céyx, le roi de Thessalie, se noie au cours d'une tempête, c'est évidemment Morphée qui vient avertir Alcyone de la mort de son époux.

DANS LES BRAS DE MORPHÉE

Morphée à tire-d'aile à travers les ténèbres vole sans bruit, arrive après un court moment à la ville hémonienne, y dépose ses ailes, prend les traits de Céyx, et sous son apparence se dresse nu, blafard, semblable à un cadavre, face au lit de l'épouse infortunée. Sa barbe semble trempée et ses cheveux dégouttent d'eau. Baigné de pleurs, il dit, s'appuyant à la couche : « Reconnais-tu Céyx, trop malheureuse épouse, ou mes traits par la mort sont-ils changés ? Regarde, et me reconnaissant tu trouveras une ombre. Nul secours ne me vint, Alcyone, de tes vœux, j'ai trépassé. N'espère plus. En mer Égée l'Auster chargé d'orage a surpris mon vaisseau, l'a ballotté, brisé sous son souffle terrible, et, ma bouche criant en vain ton nom, le flot l'a noyée. Ce n'est pas d'un messager douteux ni de vagues rumeurs que tu en tiens l'annonce, je suis là, naufragé, qui te dis mon destin. Lève-toi, donne-moi tes larmes, prends mon deuil, ne m'envoie pas sans m'avoir pleuré au noir Tartare ! » Morphée disant cela d'une voix qu'elle crut celle de son mari semblait pleurer vraiment, et sa main même avait les gestes de Céyx. Alcyone en pleurs gémit, elle agite les bras en dormant, cherche un corps, n'embrasse que les airs et crie : « Reste, où fuis-tu ? Nous partirons ensemble ! »

Son cri et la vision de son mari l'éveillent en sursaut. Tout d'abord elle inspecte alentour si le fantôme est là (l'entendant, les valets ont porté des flambeaux). N'ayant trouvé personne, elle gifle ses joues, lacère son corsage, frappe ses seins, et sans dénouer ses cheveux les arrache, clamant son deuil à sa nourrice.

Les Métamorphoses, XI, 650-683

HOMÈRE
VIIIᵉ s. av. J.-C.

VIRGILE
Iᵉʳ s. av. J.-C.

CLAUDIEN
Vᵉ s. ap. J.-C.

Plutarque

Dans les cultures anciennes, le rêve est souvent un canal permettant aux esprits des morts de communiquer avec les vivants. Les défunts peuvent alors, s'ils le souhaitent, leur donner les clés de l'avenir ; encore faut-il savoir qu'en faire.

LE SONGE DE PÉLOPIDAS

Ayant donc décidé de risquer le combat, les Thébains allèrent camper à Leuctres en face des Lacédémoniens. Là, Pélopidas eut pendant la nuit un songe qui le troubla beaucoup.

Dans la plaine de Leuctres se trouvent les tombeaux des filles de Skédasos, que l'on appelle du nom du lieu les « Leuctrides », car, après avoir été violées par des hôtes spartiates, elles furent enterrées là. Après un crime si horrible, le père ne put obtenir justice à Lacédémone ; alors il proféra des malédictions contre les Spartiates et s'égorgea lui-même sur les tombes de ses filles. Dès lors, des oracles et des prédictions avertissaient sans cesse les Spartiates de veiller et de prendre garde à la vengeance de Leuctres, avertissement que la plupart d'entre eux ne comprenaient pas bien et qui laissait des doutes sur le lieu, car il y a en Laconie, près de la mer, une petite ville qui porte le nom de Leuctres, et, près de Mégalopolis, en Arcadie, une localité du même nom. Au reste, le crime remontait à une époque beaucoup plus ancienne que la bataille de Leuctres.

Pélopidas dormait donc dans le camp lorsqu'il crut voir les jeunes filles se lamenter sur leurs tombeaux en maudissant les Spartiates, et Skédasos lui enjoindre de leur sacrifier une vierge rousse, s'il voulait vaincre l'ennemi. L'ordre lui ayant paru étrange et criminel, il se leva et fit part de sa vision aux devins et aux chefs de l'armée.

Vies, Pélopidas, XX, 4-XXI, 2

HOMÈRE
VIIIe s. av. J.-C.

VIRGILE
Ier s. av. J.-C.

CLAUDIEN
Ve s. ap. J.-C.

Apulée

Tlépolème a été traîtreusement assassiné lors d'une partie de chasse par l'un de ses amis, Thrasylle, qui convoitait en secret son épouse Charité. Alors que, sans le savoir, elle s'apprête à se remarier avec celui qui n'est autre que l'assassin de son époux, la jeune veuve reçoit en songe la visite du défunt, qui lui dévoile l'horrible vérité.

NOCES INTERDITES

C'est pendant cet intervalle que lui apparut l'ombre de Tlépolème abominablement assassiné, qui, lui présentant son visage sanglant de sanie, pâle et évanescent, interrompit son chaste sommeil en ces termes : « Ma femme, comme un autre aura désormais toute licence de te nommer, si du moins ma mémoire a déserté ton cœur ou si ma mort tragique et prématurée a rompu notre pacte de tendresse, contracte un mariage plus heureux avec qui tu voudras, à condition seulement que tu refuses la main maudite de Thrasylle, évite sa conversation, ne mange pas à sa table et ne partage pas son lit. Fuis la dextre sanglante qui m'a poignardé. Garde-toi de convoler sous des auspices parricides. Ces blessures dont tes larmes ont lavé le sang ne sont pas toutes l'œuvre des défenses du sanglier. C'est la lance du pernicieux Thrasylle qui m'a ravi à toi. » Et, ajoutant le reste, il lui illumina le scénario du crime.

Elle était alors telle que lorsqu'elle s'était assoupie, triste, le visage enfoui dans les coussins, dormant encore. Une coulée de larmes humecta ses joues. Arrachée à son mauvais sommeil comme par le fer du bourreau, son chagrin de nouveau à vif, elle hurla d'abondants « hélas », déchira son vêtement de nuit et flagella ses beaux bras à furieux coups de paume. Puis, sans avertir quiconque de sa vision nocturne, celant hermétiquement le crime dénoncé, elle décida *in petto* de punir l'exécrable sicaire et de se soustraire elle-même à une vie de disgrâces.

Les Métamorphoses ou l'Âne d'or, VIII, 8-9

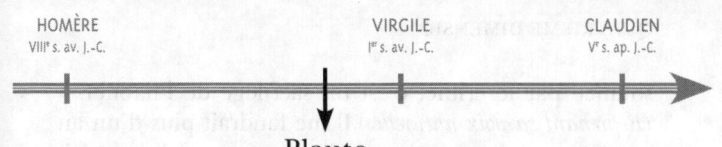

HOMÈRE
VIIIᵉ s. av. J.-C.

VIRGILE
Iᵉʳ s. av. J.-C.

CLAUDIEN
Vᵉ s. ap. J.-C.

Plaute

La Farce au fantôme doit son nom à une ruse du valet Tranion pour empêcher son vieux maître de rentrer chez lui, après trois ans d'absence. Il l'accueille à la porte de sa propre maison et lui fait croire que sa famille a déménagé depuis sept mois, alors qu'à l'intérieur une fête d'enfer bat son plein, organisée par son vaurien de fils.

UN FANTÔME RÊVÉ

TRANION – *(D'un ton mystérieux.)* Écoute bien. Un jour que ton fils avait soupé en ville, une fois de retour à la maison, nous sommes tous allés nous coucher ; nous nous endormons ; j'avais justement oublié d'éteindre ma lanterne. Tout à coup, le voilà qui pousse un cri effroyable.

THÉOPROPIDE. – Qui cela ? Mon fils ?

TRANION. – Chut ! Tais-toi, écoute seulement ! Il m'a dit qu'un mort était venu le trouver en rêve.

THÉOPROPIDE. – En rêve, naturellement ?

TRANION. – Oui, mais écoute donc. Il m'a dit que le mort lui avait parlé en ces termes.

THÉOPROPIDE. – En rêve ?

TRANION. – Le beau miracle qu'il ne lui ait point parlé pendant la veille, quand il était assassiné depuis soixante ans ! Tu es vraiment trop bête parfois.

THÉOPROPIDE. – Je me tais.

TRANION. – Et voici ce que le mort lui a dit dans son rêve : *(Prenant un ton sépulcral.)* « Je suis Diapontius, un hôte d'outre-mer. J'habite ici ; cette habitation est devenue la mienne. Car Orcus n'a pas voulu me recevoir sur les bords de l'Achéron, parce que j'ai perdu prématurément la vie. J'ai été victime d'une perfidie ; mon hôte m'a assassiné et m'a enterré sans sépulture, secrètement, dans cette maison même, et cela, à cause de mon or, le scélérat. Maintenant quitte ces lieux ! Cette maison est

85

souillée par le crime, c'est un sacrilège de l'habiter. »
(Reprenant sa voix naturelle.) Il me faudrait plus d'un an
pour te raconter tous les prodiges qui se produisent ici.
(S'interrompant avec une angoisse feinte.) Chut, chut !

THÉOPROPIDE. – Qu'est-ce qui se passe, par Hercule, je
t'en supplie ?

TRANION. – La porte a craqué. Serait-ce lui qui a
frappé ?

THÉOPROPIDE – *(À part, tout tremblant.)* Je n'ai plus une
goutte de sang dans les veines. Les morts veulent me
faire tout vivant descendre dans l'Achéron. *(On entend du
bruit à l'intérieur de la maison.)*

La Farce au fantôme, 484-509

HOMÈRE
VIIIe s. av. J.-C.

VIRGILE
Ier s. av. J.-C.

CLAUDIEN
Ve s. ap. J.-C.

Prudence

Les esprits de la nuit, c'est bien connu, craignent la lumière, annoncée par le chant du coq. Oiseau solaire, attribut de la vigilance, le coq prendra d'ailleurs place, dès l'époque médiévale, au sommet des clochers, afin de surveiller les alentours et d'éloigner les démons.

HYMNE AU CHANT DU COQ

L'oiseau qui annonce le jour chante l'approche de la lumière ; aussitôt l'éveilleur des âmes, le Christ, nous appelle à la vie.

« Écartez, nous crie-t-il, vos couchettes malades, endormies, paresseuses. Et chastes, justes, sobres, veillez : voici que je suis tout proche. »

Une fois que le soleil étincelant s'est levé, il est bien tard pour abandonner son lit, à moins que l'on n'ait pris une partie de la nuit pour prolonger le temps du travail.

Ce chant du coq, qui peu avant que la lumière ne jaillisse éveille le gazouillement des petits oiseaux perchés sur le rebord du toit, est le symbole de notre Juge.

Nous étions enveloppés de ténèbres affreuses et enfoncés sous de nonchalantes couvertures : ce chant nous engage à renoncer au sommeil, au moment où le jour est sur le point de paraître ;

il encourage ainsi tous ceux que la peine tourmente à espérer bientôt la lumière, lorsque l'Aurore aura éparpillé dans le ciel ses effluves étincelants.

Ce sommeil accordé pour un moment est l'image de la mort éternelle. Le péché, comme une nuit affreuse, nous plonge dans un assoupissement profond.

Mais voici qu'une voix d'en haut, celle du Christ notre Maître, nous avertit que la lumière est proche, pour que l'âme cesse d'être l'esclave du sommeil ;

pour que la léthargie n'accable pas jusqu'à la fin d'une vie sans énergie notre cœur enseveli dans le péché, et qui a oublié sa vraie lumière.

On dit que les démons qui errent, réjouis par les ténèbres des nuits, au chant du coq sont effrayés et se dispersent, pleins de crainte.

Car l'approche, qui leur est odieuse, de la lumière, du salut, de la divinité, en déchirant le voile malpropre des ténèbres, met en fuite les satellites de la nuit.

Ils savent depuis longtemps que c'est là le symbole de la promesse réconfortante qui nous libère de notre léthargie et nous fait espérer l'avènement de Dieu.

Cathemerinon Liber (« Livre d'heures »), I, 1-45

HOMÈRE
VIIIe s. av. J.-C.

VIRGILE
Ier s. av. J.-C.

CLAUDIEN
Ve s. ap. J.-C.

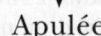

Apulée

Dans l'Antiquité, l'heure maléfique par excellence n'est pas minuit, mais midi, la sixième heure, l'heure de la sieste. Au point de vue cosmographique, midi est une heure décisive, marquant le point culminant de l'ascension du soleil, qui partage le jour : c'est l'heure où le soleil se trouve au zénith, celle de la plus forte chaleur, l'instant immobile où tout, dans la nature, se fige et se tait, pour laisser place à une dimension temporelle magique et extatique. C'est donc une heure critique et redoutable, l'heure des morts, mais aussi l'heure de la mort, qui favorise l'apparition du démon.

MIDI, L'HEURE DU CRIME

À midi, brusquement, apparut dans le moulin une femme hideuse, en tenue d'accusée, extraordinairement triste, à peine vêtue de lamentables loques, les pieds nus, sans rien qui les couvre, affreusement maigre, pâle comme le buis, et ses cheveux arrachés, grisonnants et souillés de cendre répandue, pendaient devant son visage, le cachant presque tout. Cette femme-là, tranquillement, a posé la main sur le meunier, et comme pour avoir un entretien en tête-à-tête elle l'a emmené dans sa chambre, a fermé la porte et s'est attardée très longtemps. Mais une fois utilisé tout le blé que les ouvriers avaient reçu à traiter, comme il fallait en demander d'autre, des valets, de devant la porte, ont appelé le maître pour réclamer un supplément d'ouvrage. Et comme ils avaient beau crier et recrier sans entendre de réponse du maître, ils tapèrent très fort à la porte, et ensuite, craignant le pire à la trouver soigneusement verrouillée, d'une bonne poussée, déboîtant la charnière ou la brisant, ils réussirent à ouvrir et à entrer. Et ils ne retrouvèrent la femme nulle part, mais virent le maître pendu à une poutre, étranglé et expiré, dénouèrent la corde, le dépendirent,

89

le toilettèrent avec force sanglots et lamentations, puis, une fois rendus les honneurs funéraires, le portèrent au tombeau suivi d'un nombreux cortège.

Le lendemain, sa fille accourut du bourg voisin où elle vivait mariée, accablée de chagrin, secouant ses cheveux défaits, se meurtrissant les mamelles par accès à coups de poing, et sachant tout du malheur survenu dans sa famille sans que quiconque le lui eût annoncé, car elle avait dans son sommeil vu apparaître le visage lamentable de son père, la corde encore nouée au cou, qui lui avait tout révélé, le crime de sa marâtre, l'adultère, le sortilège, et comment il était descendu aux Enfers envoûté par un fantôme.

Les Métamorphoses ou l'Âne d'or, IX, 30, 3-31, 1

HOMÈRE
VIIIᵉ s. av. J.-C.

VIRGILE
Iᵉʳ s. av. J.-C.

CLAUDIEN
Vᵉ s. ap. J.-C.

Macrobe

Lorsque les Romains fondaient une ville, ils commençaient par creuser un trou rond en forme de ciel renversé, et chacun des nouveaux habitants venait y déposer une motte de sa terre natale. Ce trou s'appelait « le Monde » ; le fond en était fermé par une « Pierre des mânes », l'une des portes de l'empire souterrain. À Rome, trois fois par an, le 24 août, le 5 octobre et le 8 novembre, on levait la pierre et l'on disait que « le Monde [était] béant ». La voie d'accès était alors ouverte, qui conduisait du monde souterrain au monde des vivants et, ces jours-là, les âmes des morts revenaient visiter leurs descendants.

LA BÉANCE DU MONDE

En effet, après la proclamation du *Latiar*, ou solennités des Féries latines, ainsi que pendant la durée des Saturnales et même pendant l'ouverture du *Monde*, il est sacrilège de prendre les armes, car il ne convenait de déclencher la guerre ni à l'époque des Féries latines, où était autrefois conclue une trêve officielle entre le peuple romain et les Latins, ni pendant la fête de Saturne, dont le règne passe pour n'avoir jamais été troublé par le bruit des armes, ni pendant l'ouverture du *Monde*, cérémonie consacrée à Pluton et Proserpine, et l'on a jugé préférable d'attendre que la bouche des Enfers fût fermée pour marcher au combat. Aussi Varron écrit-il : « Le *Monde* ouvert ouvre en quelque sorte la porte des sinistres divinités des Enfers. Aussi est-ce alors une impiété non seulement d'engager le combat, mais encore de lever des hommes pour faire la guerre et de mettre l'armée en campagne, d'appareiller, d'épouser une femme pour avoir des enfants. »

Les Saturnales, I, 16-18

BÉANCES DE LA TERRE

Sans le savoir peut-être, l'homme vit dans un espace hanté. Les Anciens, eux, en étaient convaincus : ils s'imaginaient que les générations disparues continuaient d'accompagner les vivants. Dans leurs récits, la terre accumulée sur leur fosse n'est pas un obstacle aux déplacements des revenants, car ce sont de vrais « passe-murailles » : ils sortent de leur tombeau quand ils en ont envie et comme ils le veulent, volettent de-ci de-là ou déambulent à grands pas selon leur nature, traversent la matière et défient les lois de la gravité.

S'il est, pourtant, une leçon à retenir des récits antiques, c'est que les revenants ne sont pas de grands voyageurs : ils ne vagabondent jamais très loin de leur sépulture, du moins tant qu'ils se présentent seuls et qu'ils sont bien identifiables. La tombe est, en principe, leur dernière demeure : elle les retient ou les attire comme un aimant et, s'ils la quittent, c'est pour regagner leur ancien foyer, et non pour errer à l'aventure. Ils restent attachés à leur logis et se manifestent volontiers sur leurs terres. Les morts se montrent donc là où ils ont vécu, mais aussi, bien souvent, à l'endroit de leur mort : les personnes assassinées hantent ainsi les lieux de leur trépas ; le décès « fixe » en quelque sorte l'homme à la terre, dans tous les sens du terme.

Les apparitions anonymes ou collectives ignorent ces lieux domestiques : à elles les espaces extérieurs et déserts, les marges sauvages du terroir, les eaux et les forêts, les lacs ou les montagnes…

HOMÈRE
VIIIe s. av. J.-C.

VIRGILE
Ier s. av. J.-C.

CLAUDIEN
Ve s. ap. J.-C.

Pausanias

Septembre 490 avant notre ère, dans la plaine de Marathon, à une quarantaine de kilomètres d'Athènes : c'est le théâtre d'une grande bataille qui marque la fin de la première guerre médique entre Grecs et Perses et l'un des plus anciens « cimetières militaires » de l'Histoire, où l'on entend depuis les rumeurs de la guerre.

MONUMENT AUX MORTS

Marathon est un dème qui se trouve à égale distance de la cité d'Athènes et de Carystos en Eubée. C'est en cet endroit de l'Attique que les Barbares abordèrent et qu'ils furent vaincus ; comme ils rembarquaient, ils perdirent une partie de leurs navires. Dans la plaine se trouve le tombeau des Athéniens ; et dessus des stèles avec les noms des morts répartis par tribus ; il y en a un second pour les Béotiens de Platées et des esclaves ; car des esclaves combattirent là pour la première fois. Il y a aussi, à part, le monument funéraire d'un citoyen : Miltiade, fils de Cimon, bien que sa mort soit survenue plus tard, qu'il ait échoué à Paros et ait pour cela été traduit en justice à Athènes. Là, chaque nuit, on peut entendre des chevaux hennir et des hommes combattre ; et, à vrai dire, personne n'y a gagné à vouloir être le témoin direct de ce phénomène ; si au contraire cela arrive par hasard et sans qu'on le cherche, on ne subit aucun mal des divinités.

Description de la Grèce, I, 32, 3-4

HOMÈRE
VIIIe s. av. J.-C.

VIRGILE
Ier s. av. J.-C.

CLAUDIEN
Ve s. ap. J.-C.

Constance de Lyon

Constance de Lyon, comme tous les auteurs chrétiens, connaissait ses classiques : il avait certainement lu le récit de Pline le Jeune cité plus haut. Dans sa Vie de saint Germain, *le spectre épouvantable qui agresse les vivants à coups de pierre – un Poltergeist ! – ne demande qu'à jouir du repos éternel. Quand, pour satisfaire à sa demande de sépulture décente, on creuse les décombres, on y découvre, bien sûr, un tas d'ossements.*

LA MAISON DES SPECTRES

Une fois, alors qu'il voyageait en hiver et qu'il avait passé une journée entière dans le jeûne et la fatigue, on lui conseille vivement, le soir tombant, de faire halte quelque part. Il y avait au loin une demeure, à la toiture à demi ruinée, déjà depuis longtemps inhabitée ; par négligence, on l'avait même laissée se couvrir de broussailles, si bien qu'il valait presque mieux passer la nuit au froid, en plein air, plutôt que de faire halte dans cet endroit horrible et dangereux ; d'autant plus que deux vieillards habitant dans les parages les avaient justement prévenus que cette maison était inhabitable parce qu'elle était hantée par une force épouvantable. À cette nouvelle, le très bienheureux se dirigea vers ces ruines horribles comme si c'était un endroit charmant ; là, parmi les nombreuses pièces d'autrefois, on en trouva à peine une qui pût tenir lieu d'habitation. Il y installe ses modestes bagages et ses quelques compagnons ; ils prirent un repas léger dont l'évêque s'abstint complètement. La nuit était déjà profonde lorsque Germain, épuisé par le jeûne et la fatigue, succomba au sommeil, alors que l'un de ses clercs s'était mis en devoir de faire la lecture. Soudain, devant le visage du lecteur, surgit un spectre épouvantable qui se redresse peu à peu sous ses yeux, pendant que les murs sont criblés d'une grêle de pierres. Alors le lecteur terrifié implore la protection de l'évêque. Il se lève aussitôt en sursaut, observe la silhouette de ce fantôme épouvantable, commence par invoquer le nom du Christ et lui commande d'avouer qui il est et ce qu'il fait là. L'autre abandonne immédiatement son air terrifiant pour s'exprimer d'une voix humble et suppliante : son compagnon et lui avaient commis de nombreux crimes, ils gisaient sans sépulture et, s'ils ne laissaient pas les vivants en repos, c'est qu'ils ne pouvaient reposer eux-mêmes ; ils lui demandaient de prier le Seigneur pour eux, afin de mériter d'être admis au repos éternel. À ces mots, le saint homme compatit et lui commande de désigner l'endroit où ils gisent. Alors, le précédant avec une bougie, le fantôme le guide, se fraye à grand-peine un chemin parmi les ruines, au cœur de la nuit, et lui indique l'endroit où on les avait jetés. Dès que le jour fut rendu au monde, Germain rassemble les habitants des environs, les pousse à mettre du cœur à l'ouvrage par sa présence même. Ils déblayent avec des bêches le chaos de décombres accumulés par le temps et y découvrent des cadavres étendus pêle-mêle, les ossements encore entravés de chaînes. On arrange une fosse en forme de sépulture, on enveloppe de linceuls les membres délivrés de leurs liens, on les recouvre de terre et l'on dit une prière d'intercession à leur intention : les morts obtiennent le repos, les vivants le répit, si bien que la demeure put revivre et se remplir d'habitants, sans aucune marque de terreur.

Vie de saint Germain d'Auxerre, II, 10

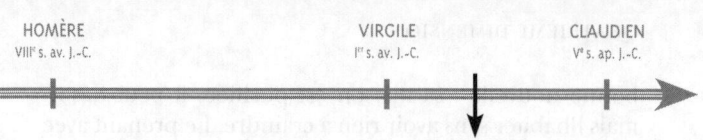

HOMÈRE
VIIIᵉ s. av. J.-C.

VIRGILE
Iᵉʳ s. av. J.-C.

CLAUDIEN
Vᵉ s. ap. J.-C.

Lucien

*La demeure du démon se trouve à Corinthe et, assurément,
elle vaut le détour ! Comme souvent, dans ces récits, la hantise
est liée à la présence d'un squelette caché quelque part.*

LA DEMEURE DU DÉMON

Cette maison, dit-il, était inhabitée depuis longtemps
en raison de la crainte qu'elle inspirait. Si quelqu'un s'y
installait, il s'enfuyait aussitôt, frappé d'épouvante, poursuivi par un spectre effroyable et terrifiant. Elle tombait
déjà en ruine, le toit s'effondrait, il n'y avait absolument
personne pour oser s'en approcher. Quand j'appris cela,
je pris mes livres (j'ai quantité de livres égyptiens consacrés à de telles matières), et je me rendis dans cette maison, à l'heure du premier sommeil, malgré les efforts de
mon hôte pour m'en détourner : il faillit me retenir de
force quand il apprit où j'allais, c'est-à-dire, selon lui, à
une catastrophe inévitable. Une lampe à la main, j'entre,
seul. Posant la lumière dans la plus grande pièce, je me
mis à lire tranquillement, assis par terre. Alors le démon
survient, croyant s'approcher d'un homme du commun,
espérant me terrifier comme les autres ; il était sale, che-
velu, plus noir que les ténèbres. Il s'approcha de moi et
me mit à l'épreuve, m'attaquant de tous côtés pour voir
s'il pourrait me terrasser de quelque manière : il se chan-
geait tantôt en chien, tantôt en taureau, tantôt en lion.
Alors moi, choisissant l'imprécation la plus terrifiante,
je la prononçai en langue égyptienne et je l'acculai par
mes incantations dans le coin d'une pièce obscure. Ayant
observé où il s'était enfoncé, je me reposai le reste de la
nuit.

Dès l'aurore, alors que tous désespéraient, pensant
me trouver mort comme les autres, je sors, à la surprise
générale. Je vais trouver Eubatidès, à qui j'annonce la

bonne nouvelle : sa maison est purifiée, il peut désormais l'habiter sans avoir rien à craindre. Le prenant avec moi, ainsi qu'une foule d'hommes qui me suivaient pour voir le prodige, je le conduisis à l'endroit où j'avais vu le démon s'enfoncer sous terre : j'ordonnai à tous de prendre des pioches et des bêches et de creuser. Cela fait, on découvrit, enfoui à une profondeur d'environ une brasse, un cadavre décomposé, dont seuls les os avaient gardé forme humaine. Nous le dégageâmes et lui donnâmes une sépulture. Dès lors la maison cessa d'être troublée par les apparitions.

L'Ami du mensonge ou l'Incrédule, 31

HOMÈRE
VIII⁰ s. av. J.-C.

VIRGILE
I⁰⁰ s. av. J.-C.

CLAUDIEN
V⁰ s. ap. J.-C.

Grégoire le Grand

Avant de donner lieu à un film fameux, Amityville fut aux États-Unis un fait-divers qui défraya la chronique et s'avéra n'être en définitive qu'une vulgaire imposture. Le récit qui suit a été composé il y a près de deux mille ans et se déroule à Corinthe : on y retrouve déjà tous les ingrédients du genre.

AMITYVILLE OU LA MAISON DU DIABLE

C'est aussi à l'époque de cet empereur que le service de la foi poussa l'évêque de Milan, Datius, à se rendre à Constantinople. Il parvint à Corinthe et se mit en quête d'une grande maison pour y séjourner, capable de recevoir toute sa suite, et il avait peine à trouver quand il aperçut au loin une maison de taille convenable ; il la fit préparer pour son séjour. Les habitants de l'endroit lui dirent alors qu'il ne pouvait y demeurer, car le diable y logeait depuis bien des années : voilà pourquoi elle était demeurée vide. Le vénérable Datius répondit : « Raison de plus pour séjourner dans cette maison, si le malin l'a envahie et empêche les hommes d'y loger. » Il ordonna donc de tout y apprêter pour lui et y entra sereinement, paré à combattre l'Ennemi ancestral.

Alors, au cœur de la nuit silencieuse, au moment où l'homme de Dieu prenait du repos, l'Ennemi ancestral, avec de grands cris et d'énormes clameurs, se mit à imiter le rugissement des lions, le bêlement des brebis, le braiment des ânes, le sifflement des serpents, le couinement des rats et des porcs. Datius, réveillé en sursaut par les cris de tant de bêtes, se leva, violemment courroucé, et se mit à clamer à grands cris contre l'Ennemi ancestral : « Bien fait pour toi, misérable ! C'est bien toi qui as dit : "Je siégerai à l'Aquilon et je ressemblerai au Très-Haut." Mais voilà que ton orgueil te fait ressembler aux rats et aux porcs ; toi qui as voulu imiter Dieu indignement, voilà que tu imites les bêtes, comme tu en es digne. »

À ces mots, le Malin rougit, pour ainsi dire, de son abjection. N'en a-t-il pas rougi, lui qui n'est plus jamais entré par la suite dans cette maison pour y exhiber ses monstres comme il en avait l'habitude ? Et c'est ainsi qu'elle redevint bientôt habitable aux fidèles, grâce à l'entrée d'un seul vrai fidèle, qui causa le départ immédiat de l'esprit menteur et infidèle.

Dialogues, III, 4, 1-3

HOMÈRE
VIIIe s. av. J.-C.

VIRGILE
Ier s. av. J.-C.

CLAUDIEN
Ve s. ap. J.-C.

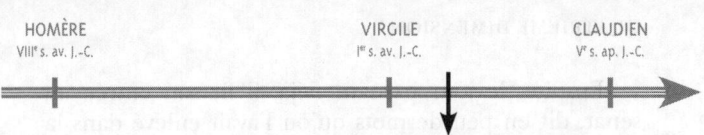

Suétone

Le nom de Poltergeist, *qui signifie « esprit bruyant » ou « esprit frappeur », serait sans doute resté inconnu du grand public si le cinéma n'avait contribué à le faire connaître. C'est Martin Luther qui l'emploie pour la première fois dans ses* Propos de table *pour désigner des manifestations provoquées par des esprits désincarnés, ou par le diable. En voici deux exemples antiques.*

POLTERGEIST I ET II

On montre encore aujourd'hui la maison où Auguste fut élevé, dans une terre que possédait sa famille aux portes de Vélitres : elle est tout à fait modeste et semblable à un cellier ; les gens du pays persistent même à croire qu'il y est né. On se fait un scrupule religieux d'y pénétrer sans nécessité et sans dispositions pieuses, car on s'était mis à croire autrefois que les visiteurs irrévérencieux étaient arrêtés comme par un frisson de terreur, et cette croyance fut même confirmée plus tard. Il advint, en effet, qu'un nouveau propriétaire de cette maison étant venu y coucher, soit sans intention, soit par bravade, en fut subitement chassé, quelques heures après, au cours de la nuit, par une puissance inconnue, et qu'on le retrouva presque inanimé devant la porte, avec son lit.

Vies des douze Césars, Divin Auguste, 5-6

De là, Othon envoya des troupes tuer Galba et Pison, puis, afin de se concilier par des promesses les sympathies des soldats, pour toute harangue, il se contenta de les assurer qu'il garderait uniquement ce qu'ils lui laisseraient.

101

Ensuite, le jour baissant déjà, il fit son entrée au sénat, dit en peu de mots qu'on l'avait enlevé dans la rue et contraint par la force à prendre le pouvoir, mais qu'il l'exercerait suivant les vœux de tous, puis se rendit au Palatium. [...] On dit que, la nuit suivante, pris de terreur pendant son sommeil, il poussa de profonds gémissements ; que ses esclaves accourant le trouvèrent étendu sur le sol devant lui et qu'il s'efforça d'apaiser par toutes sortes de cérémonies propitiatoires les mânes de Galba, par lequel il s'était vu précipiter à terre et chasser ; on ajoute que le lendemain, un orage ayant éclaté pendant qu'il prenait les augures, il tomba lourdement et murmura plusieurs fois : « Quel besoin avais-je aussi de longues flûtes ? »

Vies des douze Césars, Othon, 7, 4

HOMÈRE
VIIIᵉ s. av. J.-C.

VIRGILE
Iᵉʳ s. av. J.-C.

CLAUDIEN
Vᵉ s. ap. J.-C.

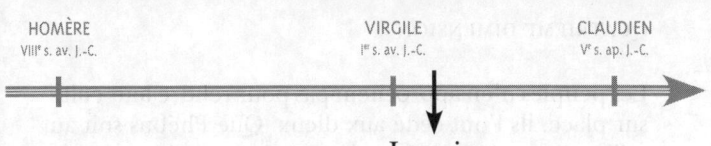

Lucain

Dans ce bois « sacré » aux abords de Marseille, il règne une ombre permanente et le soleil ne brille pas, deux détails parmi d'autres qui font comprendre que cette terre est une sorte d'empire des morts, dont le maître n'est autre qu'un spectre.

LE MAÎTRE DU BOIS MAUDIT

Il y avait un bois sacré, qui, depuis un âge très reculé, n'avait jamais été profané ; il entourait de ses rameaux entrelacés un air ténébreux et des ombres glacées, bien loin des rayons du soleil. Il n'est point occupé par les pans, habitants des campagnes, les sylvains, maîtres des forêts ou les nymphes, mais par des sanctuaires de dieux aux rites barbares ; des autels sont dressés sur des tertres sinistres, et tous les arbres sont purifiés par le sang humain. S'il faut en croire l'Antiquité admiratrice des êtres célestes, les oiseaux craignent de percher sur les branches de ce bois et les bêtes sauvages de coucher dans les repaires ; le vent ne s'abat pas sur ces futaies, ni la foudre qui jaillit des sombres nuages. Ces arbres qui ne présentent leur feuillage à aucune brise inspirent une horreur toute particulière. Une eau abondante tombe des noires fontaines ; les mornes statues de dieux sont sans art et se dressent, informes, sur des troncs coupés. La moisissure même et la pâleur qui apparaît sur les arbres pourris frappent de stupeur ; ce que l'on craint ainsi, ce ne sont pas les divinités dont une tradition sacrée a vulgarisé les traits ; tant ajoute aux terreurs de ne pas connaître les dieux qu'on doit redouter ! Déjà la renommée rapportait que des tremblements de terre faisaient souvent mugir le fond des cavernes, que des ifs courbés se redressaient, que les bois, sans brûler, brillaient de la lueur des incendies, que des dragons, enlaçant les troncs, rampaient çà et là.

103

Les peuples n'en approchent pas pour rendre leur culte sur place, ils l'ont cédé aux dieux. Que Phébus soit au milieu de sa course ou qu'une nuit sombre occupe le ciel, le prêtre lui-même en redoute l'accès et craint de surprendre le maître de ce bois.

La Guerre civile (La Pharsale), III, 399-425

V

PLAISIRS DE LA CHAIR

NOURRIR LES MORTS,
SE NOURRIR DES MORTS

Les morts ont faim et soif : aussi paradoxal que cela puisse paraître, les « têtes sans force », comme les appelle Homère, éprouvent un cruel besoin de se sustenter, et les vivants ont le devoir de satisfaire à leurs besoins, sous peine de graves représailles à l'encontre de la communauté. Aussi a-t-on de bonne heure envisagé divers moyens d'apaiser ces affamés de l'au-delà : lors des funérailles, bien sûr, en déposant des victuailles sur la sépulture ou encore en offrant des repas aux esprits lors de certaines célébrations. Ces offrandes ont une valeur symbolique et sont toujours à peu près les mêmes : du lait et du miel, de l'eau, mais certains aliments semblent plus « nourrissants », et surtout plus appréciés, que d'autres : chez les Grecs et les Romains, les morts ont une attirance particulière pour les mets de couleur rouge : les fèves de cette couleur, les grenades, mais aussi le vin et… le sang, fluide vital par excellence.

Mais l'alimentation des morts se fait aussi au quotidien : chez les Romains, par exemple, la salle à manger n'est pas seulement le monde des vivants, c'est aussi le royaume des morts. Les défunts se trouvent par terre, sous la table ; une ancienne coutume interdisait ainsi de balayer le sol de cette pièce : les détritus qui la jonchaient étaient la nourriture des morts. Et c'est par mesure d'hygiène que l'on a fini par représenter ces mêmes détritus sur les mosaïques, afin de pouvoir nettoyer la maison sans pour autant priver les trépassés de ce qui leur revenait.

HOMÈRE
VIIIe s. av. J.-C.

VIRGILE
Ier s. av. J.-C.

CLAUDIEN
Ve s. ap. J.-C.

Homère

*Les Anciens établissaient un lien puissant et mystérieux
entre le monde des morts et le sang, seul capable de leur rendre
un moment force et vigueur. Ulysse le sait bien, qui doit attirer à lui l'ombre du devin Tirésias pour connaître son avenir.
Voilà pourquoi il égorge des moutons, dont il laisse s'écouler le
sang au-dessus d'une fosse creusée dans la terre, pour évoquer
les esprits des disparus.*

ORGIE DE SANG

Là, pendant qu'Euryloque, aidé de Périmède, se
charge des victimes, je prends le glaive à pointe qui me
battait la cuisse et je creuse un carré d'une coudée ou
presque ; puis, autour de la fosse, je fais à tous les morts
les trois libations, d'abord de lait miellé, ensuite de vin
doux, et d'eau pure en troisième ; je répands sur le trou
une blanche farine et, priant, suppliant les morts, têtes
sans force, je promets qu'en Ithaque, aussitôt revenu,
je prendrai la meilleure de mes vaches stériles pour la
sacrifier sur un bûcher rempli des plus belles offrandes ;
en outre, je promets au seul Tirésias un noir bélier sans
tache, la fleur de nos troupeaux.

Quand j'ai fait la prière et l'invocation au peuple des
défunts, je saisis les victimes ; je leur tranche la gorge sur
la fosse, où le sang coule en sombres vapeurs, et, du fond
de l'Érèbe, je vois se rassembler les ombres des défunts
qui dorment dans la mort : femmes et jeunes gens,
vieillards chargés d'épreuves, tendres vierges portant
au cœur leur premier deuil, guerriers tombés en foule
sous le bronze des lances. Ces victimes d'Arès avaient
encore leurs armes couvertes de leur sang. En foule,
ils accouraient à l'entour de la fosse, avec des cris horribles : je verdissais de crainte. Mais je presse mes gens
de dépouiller les bêtes, dont l'airain sans pitié vient de

trancher la gorge : ils me font l'holocauste, en adjurant les dieux, Hadès le fort et la terrible Perséphone ; moi, j'interdis à tous les morts, têtes sans force, les approches du sang tant que Tirésias ne m'a pas répondu.

L'Odyssée, XI, 23-50

HOMÈRE
VIIIᵉ s. av. J.-C.

VIRGILE
Iᵉ s. av. J.-C.

CLAUDIEN
Vᵉ s. ap. J.-C.

Pétrone

Les repas qui suivent les funérailles – à Rome, il s'agit du
novemdialis, *le dîner de neuvaine – ou ceux que l'on prend
durant les fêtes des morts sont un moyen symbolique de nourrir les esprits. En consommant les aliments en leur mémoire, les
vivants invitent les défunts à leur table et leur permettent ainsi
de manger… ou de boire !*

À LA BONNE VÔTRE !

Sur ces entrefaites, un licteur heurta la porte de la salle
à manger, et, tout de blanc vêtu, abondamment escorté, un
fêtard nocturne fit son entrée. Terrifié par cette pompe et
croyant qu'il s'agissait du préteur en personne, je tentai de
me relever et de me dresser debout sur mes pieds nus. Riant
de ma confusion, Trimalcion me rassura : « Du calme, bougre de crétin, c'est Habinnas, il est sévir et en même temps
marbrier ; pour fabriquer les tombeaux, on dit que c'est lui
le meilleur. » Rasséréné par cette mise au point, je reposai
mon coude et contemplai à loisir, ébloui de stupéfaction,
l'entrée d'Habinnas. Déjà saoul, s'appuyant des deux mains
aux épaules de sa femme, le chef surchargé de couronnes
de fleurs, le front dégoulinant de parfums jusqu'aux yeux,
il s'affala à la place du préteur et réclama *illico* du vin et de
l'eau chaude. Mis en joie par ce boute-en-train, Trimalcion
se commanda aussi un pot grand format et lui demanda
comment s'était passée sa soirée. « Tout à gogo, répondit-il,
manquait que toi. La prunelle de mes yeux était ici. Mais,
foutre d'Hercule, c'était très bien. Scissa a fait un chouette
dîner de neuvaine pour son pauvre petit esclave. Elle l'avait
affranchi sur son lit de mort. Je crois qu'elle aura un bon
5 % à payer aux percepteurs, parce qu'ils estiment le défunt
à 50 000 sesterces. N'empêche que ç'a été délicieux, même
si on a été forcés de répandre la moitié de nos verres à la
santé de sa malheureuse carcasse. »

Satiricon, LXV, 3-11

HOMÈRE
VIIIᵉ s. av. J.-C.

VIRGILE
Iᵉʳ s. av. J.-C.

CLAUDIEN
Vᵉ s. ap. J.-C.

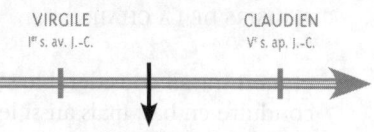

Lucien

La consistance des mets s'avérant inversement proportion-
nelle à l'inconsistance des fantômes, on a peine à concevoir la
façon dont ils peuvent se rassasier. C'est l'une des nombreuses
incohérences que le satiriste Lucien se plaît à pointer du doigt
dans les pratiques religieuses.

SOUPERS INSENSÉS

CHARON. – Il y a encore une chose, Hermès, que je désirerais connaître. Quand tu me l'auras montrée, tu auras parfaitement accompli ton office de guide. Je voudrais voir les endroits où l'on dépose les cadavres pour les enterrer.

HERMÈS. – Charon, c'est ce qu'on appelle des tertres, des tombeaux, des sépulcres. Vois-tu devant les cités ces tumulus, ces stèles, ces pyramides ? Tout cela est destiné à recevoir les morts et à conserver leurs corps.

CHARON. – Pourquoi donc voit-on ces gens couronner les pierres et les oindre de parfum ? Certains même, après avoir dressé un bûcher devant les tertres et creusé une fosse, font brûler de somptueux repas et versent dans les trous, autant que je puisse en juger, du vin et du lait mélangé de miel.

HERMÈS. – Je ne sais pas, batelier, en quoi cela profite à ceux qui sont chez Hadès. En tout cas, ces gens sont persuadés que les âmes remontées d'en bas viennent dîner comme elles peuvent, en voltigeant autour de la graisse et de la fumée, et boire le lait mêlé au miel dans la fosse.

CHARON. – Eux, boire et manger encore, quand ils ont des crânes tout secs ! Mais il est ridicule que je te le rappelle puisque chaque jour tu guides leur descente. Et tu sais s'ils peuvent encore remonter, une fois arrivés au séjour souterrain ! Certes, ma situation serait grotesque

111

et mon travail considérable s'il fallait non seulement les conduire en bas, mais aussi les reconduire en haut pour qu'ils boivent. Insensés, quelle folie ! Ils ne savent pas l'importance de la frontière qui sépare le monde des morts de celui des vivants, ni ce qui se passe chez nous ; ils ne savent pas que « tous les morts sont égaux, avec ou sans tombeau, même honneur pour Iros et le noble Agamemnon. Le fils de Thétis aux beaux cheveux vaut Thersite. Tous sont pareillement crânes sans consistance, tout nus et desséchés dans le pré d'asphodèles ».

Charon ou les Observateurs, 22

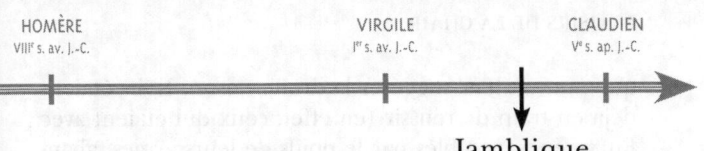

HOMÈRE
VIIIe s. av. J.-C.

VIRGILE
Ier s. av. J.-C.

CLAUDIEN
Ve s. ap. J.-C.

Jamblique

La fève a toujours joué un rôle important dans les supersti-
tions : elle n'est pas seulement la nourriture privilégiée des morts,
mais aussi, en quelque sorte, leur chair. Selon Plutarque, « c'est
tout un de manger des fèves et la tête de ses parents », et l'on
sait que les pythagoriciens s'en interdisaient la consommation,
car ils les considéraient comme les âmes des ancêtres. Ils étaient
d'ailleurs prêts à tout pour respecter ce commandement.

FRUITS DÉFENDUS

Denys le Tyran, rapporte-t-on, bien qu'il fît tout ce
qu'il pouvait, n'obtint l'amitié d'aucun des pythagoriciens parce qu'ils se méfiaient de son caractère domina-
teur et porté à violer les lois. Il envoya un détachement
de trente hommes, que commandait Euryménès de
Syracuse, frère de Dion, pour leur tendre une embuscade
au cours du déplacement qu'ils accomplissaient régulièrement de Tarente à Métaponte, car ils s'adaptaient
aux changements de saisons, et ils choisissaient des lieux
adaptés à la saison. À Phanai, un faubourg escarpé de
Tarente, par où ils devaient nécessairement passer dans
leur route, Euryménès leur tendit une embuscade, en
dissimulant sa troupe. Lorsque, vers le milieu du jour,
les pythagoriciens arrivèrent en ce lieu, sans avoir rien
prévu, les soldats leur tombèrent dessus en poussant des
cris de guerre comme des brigands. Les pythagoriciens,
épouvantés comme il convenait et par la soudaineté de
l'attaque et par le nombre (ils étaient, eux, au total, environ dix), et aussi parce que, sans armes, ils allaient devoir
combattre contre des hommes bien armés et allaient être
capturés, décidèrent de se sauver par la fuite à la course,
ne considérant pas cela comme interdit par la vertu. En
effet, ils regardaient le courage comme la science de
ce qu'il faut fuir et de ce qu'il faut supporter, selon ce

que pouvait leur suggérer la droite raison. Et ils étaient déjà en train de réussir (en effet, ceux qui étaient avec Euryménès, accablés par le poids de leurs armes, abandonnaient la poursuite) si, dans leur fuite, ils n'étaient pas tombés sur un champ de fèves, en pleine floraison. Ne voulant pas contredire le commandement leur enjoignant de ne pas toucher aux fèves, ils s'arrêtèrent et par nécessité chacun d'entre eux se défendit contre les poursuivants à l'aide de pierres, de morceaux de bois et de tout ce qui leur tombait sous la main, si bien que certains furent tués, tandis qu'un grand nombre était blessé. Mais tous les pythagoriciens furent tués par les hommes armés, et aucun ne fut pris vivant ; ils choisirent joyeux la mort selon les commandements de l'école.

Vie de Pythagore, 189-191

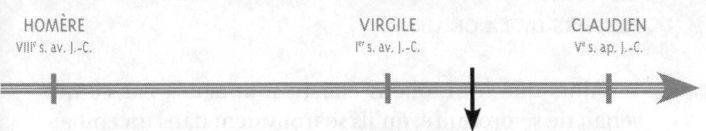

Phlégon de Tralles

L'Étolien Polycrite se marie avec une Locrienne, couche avec sa femme trois nuits, et meurt la quatrième ; de cette union naît un enfant hermaphrodite. Frappée de stupeur, la famille fait porter le nourrisson sur la place publique et convoque une assemblée pour statuer sur son sort. On envisage de s'en débarrasser en l'immolant par le feu quand apparaît le fantôme de Polycrite, qui vient réclamer son enfant, en vain. Il finit par le récupérer, de façon assez spéciale…

LE FANTÔME CANNIBALE

Les uns, donc, pensaient qu'il fallait rendre l'enfant, et ainsi accomplir l'ordre du spectre et du démon qui se tenait là ; la grande majorité les contredisait, prétendant qu'il fallait délibérer à loisir parce qu'il s'agissait là d'une affaire importante et que leur embarras n'était pas mince. Voyant donc qu'ils ne prêtaient pas attention à ses paroles et qu'ils ne faisaient pas ce qu'il souhaitait, Polycrite prit à nouveau la parole :

« En tout cas, citoyens, si jamais il vous arrive quelque malheur particulièrement grave à cause de votre incapacité à prendre une décision, ne m'en accusez pas, mais accusez plutôt la fortune qui vous entraîne vers le pire, elle qui, opposée à moi, me force à commettre un méfait contre mon propre enfant. »

Comme la foule s'avançait et s'apprêtait à supprimer le monstre, Polycrite se saisit de son enfant, et, ayant fait reculer la foule, il le mit vivement en pièces et le mangea.

Il y eut une grande clameur, et l'on commença à lui jeter des pierres, dans l'intention de le mettre en fuite. Mais il n'était pas atteint par les pierres, et il engloutit la totalité du corps de l'enfant, à l'exception de la tête ; puis, soudain, il disparut.

115

Alors que les Étoliens étaient tout agités par ce qui venait de se produire, qu'ils se trouvaient dans un embarras qui n'était pas mince et qu'ils voulaient envoyer une ambassade à Delphes, la tête de l'enfant, qui gisait sur le sol, se mit à parler et leur annonça par un oracle ce qui allait arriver.

Le Livre des merveilles, II, 8-10

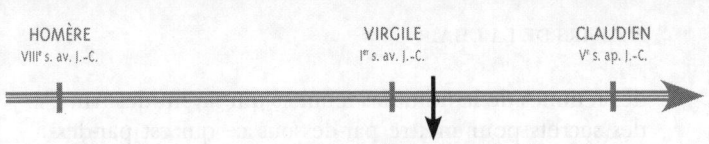

HOMÈRE
VIIIᵉ s. av. J.-C.

VIRGILE
Iᵉʳ s. av. J.-C.

CLAUDIEN
Vᵉ s. ap. J.-C.

Pétrone

*Semblables aux Harpies, les striges sont des démons fémi-
nins ailés, munis de serres semblables à celles des oiseaux de
proie ; elles se repaissent habituellement du sang et des entrailles
des enfants et se reconnaissent à leurs cris stridents. Les voici à
l'œuvre.*

LE DÎNER DES STRIGES

Mais moi aussi, je vais vous raconter un prodige à faire
peur, un « âne sur un toit ». Comme je portais encore
des frisettes – il faut dire que, tout môme, je vivais déjà
comme un milliardaire de Chios –, le petit chéri de notre
Monsieur, une perle, fichtre d'Hercule, sachant tout
faire, parfait en tout, mourut. Comme de juste sa pauvre maman était à le pleurer, et pendant que nous étions
plusieurs à faire veillée avec elle, d'un coup, les striges
se déclenchèrent, on aurait cru un chien qui chassait
un lièvre. Nous avions alors un homme de Cappadoce,
grand, pas du tout trouillard, et costaud à lever à bout
de bras un bœuf enragé. Sans hésiter il dégaine, passe
la porte en courant, la main gauche soigneusement ban-
dée, et troue une femme par le milieu, autant dire (les
dieux préservent ce que je touche) là où je vous montre.
Nous avons entendu un gémissement, mais sûr que je ne
veux pas mentir, elles, nous les avons pas vues. Le balèze
est rentré et s'est jeté au lit, des bleus sur tout le corps
comme s'il avait reçu une dégelée de coups de fouets.
Forcément qu'il avait été touché par la male main. Nous,
la porte refermée, on est retournés à notre veillée. La
mère veut prendre le corps de son fils dans ses bras, elle
le touche, elle voit un paquet de paille. Il n'avait plus
ni cœur, ni boyaux, ni rien du tout. Forcément les striges avaient volé le garçon et avaient mis à la place une
poupée de paille. Je vous en prie, il faut me croire, il y a

des femmes de la nuit, des femmes qui savent des trucs, des secrets pour mettre par-dessous ce qui est par-dessus. Après ce qui s'était passé, pour finir, le grand balèze n'a jamais retrouvé ses couleurs et, total, quelques jours après, il est mort fou furieux.

Satiricon, LXIII, 1-12

AMOURS DE FANTÔMES

Les esprits et les fantômes sont finalement de « bons vivants » : ils mangent, ils boivent – du rouge de préférence (vin et sang) –, mais surtout ils aiment les plaisirs de la chair, fraîche bien entendu, car ils ont une prédilection pour les vivants, tout comme les démons. Dans ce domaine, les plus célèbres sont les incubes, littéralement « ceux qui se couchent dessus » : ce sont des démons masculins, qui attaquent la nuit les dormeuses, comme Éphialtès, qu'on a souvent assimilé pour sa lubricité au dieu Pan. Leurs assauts nocturnes sont parfois féconds : l'enchanteur Merlin et Robert le Diable, le père de Guillaume le Conquérant, seront au Moyen Âge les plus célèbres des fils d'incubes. Avant eux, il y en avait eu bien d'autres : on prétendait ainsi que la race des Huns était née de l'union des incubes avec les mortelles et qu'Alexandre le Grand, Scipion l'Africain, César, Auguste ou encore Théodoric le Grand auraient eu pour père un démon. Quant à leurs équivalents féminins, les succubes, « qui se couchent dessous », elles sont aussi avides de sperme que de sang : la plus connue dans l'Antiquité était sans conteste Empuse, qui rassasiait de plaisir et de sexe ceux qu'elle voulait dévorer.

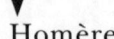

HOMÈRE
VIIIᵉ s. av. J.-C.

VIRGILE
Iᵉʳ s. av. J.-C.

CLAUDIEN
Vᵉ s. ap. J.-C.

Homère

Il est impossible d'attraper les ombres et tout effort pour embrasser les trépassés s'avère, en principe, vain. C'est le thème du « baiser frustré », cette étreinte désespérée des vivants, s'efforçant d'enlacer l'ombre plaintive de l'être aimé qui leur est apparue et qui s'enfuit en les abandonnant à leur triste sort, tels Ulysse et sa mère Anticlée.

LE BAISER DU NÉANT

Elle disait et moi, à force d'y penser, je n'avais qu'un désir : serrer entre mes bras l'ombre de feu ma mère… Trois fois, je m'élançai ; tout mon cœur la voulait. Trois fois, entre mes mains, ce ne fut plus qu'une ombre ou qu'un songe envolé. L'angoisse me poignait plus avant dans le cœur.

Je lui dis, élevant la voix, ces mots ailés :

ULYSSE. – Mère, pourquoi me fuir, lorsque je veux te prendre dans mes bras ? Que, du moins, chez Hadès, nous tenant embrassés, nous goûtions, à nous deux, le frisson des sanglots ! La noble Perséphone, en suscitant ton ombre, n'a-t-elle donc voulu que redoubler ma peine et mes gémissements ?

Je dis, et cette mère auguste me répond :

ANTICLÉE. – Hélas ! Mon fils, le plus infortuné des êtres ! Non ! La fille de Zeus, Perséphone, n'a pas voulu te décevoir ! Mais, pour tous, quand la mort nous prend, voici la loi : les nerfs ne tiennent plus, ni la chair, ni les os ; tout cède à l'énergie de la brûlante flamme ; dès que l'âme a quitté les ossements blanchis, l'ombre prend sa volée et s'enfuit comme un songe… Mais déjà, vers le jour, que ton désir se hâte : retiens bien tout ceci pour le dire à ta femme, quand tu la reverras.

L'Odyssée, XI, 204-214

HOMÈRE
VIII⁵ s. av. J.-C.

VIRGILE
I⁵ s. av. J.-C.

CLAUDIEN
V⁵ s. ap. J.-C.

Pausanias

Les trépassés qui se manifestent aux vivants ne sont pas forcément des ectoplasmes, des esprits évanescents et incorporels. Ce sont aussi parfois des êtres de chair et de sang, de vrais morts vivants, qui veulent goûter les plaisirs du sexe ; en voici la preuve, avec le démon de Témésa, l'un des plus sanguinaires et des plus connus des Anciens.

LA FIANCÉE DU DÉMON

Ulysse, qui errait après la prise de Troie, fut amené, dit-on, par des vents en diverses cités d'Italie et de Sicile, et, notamment, il arriva à Témésa avec ses bateaux ; et là, un de ses marins, pris de vin, viola une jeune fille et fut, pour ce forfait, lapidé par les gens du lieu. Ulysse ne tint aucun compte de la perte de cet homme et continua sa route par mer ; mais le démon de l'individu lapidé ne connaissait pas de relâche, tuant sans discrimination les gens de Témésa et s'en prenant à tous les âges, jusqu'à ce que la Pythie leur défendît absolument de vouloir tenter de fuir l'Italie ou de quitter Témésa, et leur ordonnât d'apaiser le Héros, de lui réserver une enceinte sacrée et de lui construire un temple, de lui donner, en outre, chaque année comme épouse la plus belle des jeunes filles de Témésa. Ils obéirent aux commandements du dieu et n'eurent plus à l'avenir rien à craindre du démon. Euthymos – il arriva à Témésa au moment où on rendait au démon le culte habituel –, Euthymos donc s'informe de ce qu'il leur arrivait ; il eut le désir d'entrer dans le temple, et, une fois entré, de voir la jeune fille. Dès qu'il la vit, il fut tout d'abord pris de pitié, puis, en second lieu, d'amour pour elle. Et la jeune enfant lui jura qu'elle l'épouserait s'il la sauvait ; Euthymos s'équipa et attendit l'attaque du démon. Il en triompha dans le combat et, comme il l'avait chassé du territoire, voilà que le Héros disparaît en plongeant dans la mer ; Euthymos eut un mariage éclatant, et les gens du lieu furent à l'avenir libérés du démon.

Description de la Grèce, II, 7-9

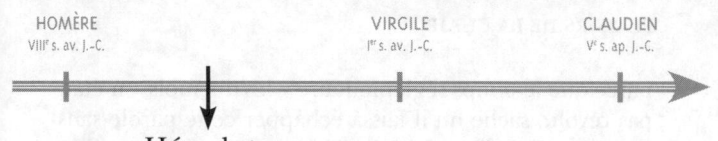

HOMÈRE
VIIIe s. av. J.-C.

VIRGILE
Ier s. av. J.-C.

CLAUDIEN
Ve s. ap. J.-C.

Hérodote

On pourrait voir dans ce récit un conte grivois à la manière
des Cent Nouvelles Nouvelles, *mais à l'époque d'Hérodote*
l'idée qu'un être surnaturel avait honoré une simple mortelle
pouvait trouver créance dans les esprits. Au moment où débute
le texte, Leutychidès, l'ennemi juré du roi de Sparte Démarate, a
mis en doute sa filiation. Le roi conjure alors solennellement sa
mère de lui révéler toute la vérité sur ses origines.

LE BÂTARD DU FANTÔME

« Mon fils, puisque tu me pries et me supplies de te
dire la vérité, elle te sera, à toi, confessée tout entière.
Quand Ariston m'eut emmenée chez lui, la troisième
nuit après la nuit de noces, un spectre vint me trouver,
qui avait la figure d'Ariston ; il coucha avec moi et me
mit sur la tête les couronnes qu'il portait. Puis il s'en
alla ; et ensuite vint Ariston. Quand il vit que j'avais des
couronnes, il demanda qui me les avait données. Je dis
que c'était lui ; mais il n'en convint pas ; je le lui assurai
avec serment et lui dis qu'il n'agissait pas bien en le niant
puisqu'il était venu un peu auparavant, avait couché avec
moi et m'avait donné les couronnes. Quand Ariston me
vit assurer le fait avec serment, il comprit qu'il y avait
dans l'aventure quelque chose de divin. On constata que
les couronnes venaient de la chapelle située près de la
porte de la cour, qu'on appelle chapelle d'Astrabacos ;
et les devins déclarèrent que j'avais eu affaire à ce même
héros. Maintenant, mon fils, tu sais tout, tout ce dont tu
désires être informé : ou bien tu es né de ce héros et le
héros Astrabacos est ton père, ou bien c'est Ariston ; car je
t'ai conçu pendant cette nuit. Si tes ennemis t'attaquent
surtout sur ce point, qu'Ariston lui-même, lorsqu'on lui
annonça ta naissance, aurait nié, en présence de beaucoup de gens qui l'entendirent, que tu fusses né de lui,

123

parce que le temps réglementaire – les dix mois – n'était pas révolu, sache qu'il laissa échapper cette parole sans savoir ce dont il parlait. Car il arrive aux femmes d'accoucher dans le neuvième mois, dans le septième, sans que toutes accomplissent les dix mois ; pour moi, mon fils, j'ai accouché de toi dans le septième. Ariston lui-même reconnut, peu de temps après, qu'il avait proféré alors une parole inconsidérée. Ne crois pas ce qu'on dit à l'encontre sur ta naissance ; tu viens d'entendre toute la vraie vérité. Puissent la femme de Leutychidès lui-même et les femmes de ceux qui tiennent ces propos leur donner des fils d'ânier ! »

Histoires, VI, 68-69

HOMÈRE
VIIIᵉ s. av. J.-C.

VIRGILE
Iᵉʳ s. av. J.-C.

CLAUDIEN
Vᵉ s. ap. J.-C.

Procope

Dans cette page de pamphlet, Procope attribue les méfaits de l'empereur Justinien à une puissance diabolique : né des œuvres d'un incube, l'empereur est lui-même un démon incarné, le « Prince des démons ». Il prend ici la forme d'un fantôme acéphale, privé de tête, bien connu de toutes les cultures : outre l'horreur que peut inspirer une pareille vision, l'absence de tête ou de visage est le signe le plus évident de l'absence de conscience.

ROSEMARY'S BABY À L'ANCIENNE

On dit que sa mère aurait dit à quelques-uns de ses intimes qu'il n'était pas le fils de son mari Sabbatios, ni d'aucun homme. Car au moment où elle allait le concevoir, un démon l'avait visitée. Elle ne l'avait pas vu, mais il lui avait donné l'impression de sa présence auprès d'elle, comme lorsqu'un homme a commerce avec une femme, avant de disparaître en songe.

Quelques-uns de ceux qui vivaient auprès de lui et, tard dans la nuit, se trouvaient avec lui dans le palais, des gens à l'âme pure, crurent voir à sa place une sorte de fantôme, un démon qui ne leur était pas familier. L'un rapportait qu'il se levait soudain du trône impérial et se promenait de-ci de-là – il n'avait pas l'habitude de rester assis très longtemps. Mais la tête de Justinien disparaissait subitement, et le reste de son corps semblait faire ces grandes promenades, pendant que lui-même, comme s'il ne pouvait en croire le témoignage de ses yeux, restait longuement sur place, inquiet et perplexe. Ensuite, lorsque la tête était revenue sur le corps, les parties manquantes lui paraissaient, de manière surprenante, s'être ajoutées.

Un autre disait que, se tenant près de lui quand il était assis, il voyait soudain son visage devenir semblable à une chair indistincte : il n'avait ni les sourcils ni les yeux à leur place et n'avait absolument aucun autre trait distinctif. Après un moment pourtant, on pouvait à nouveau distinguer l'aspect de ses traits.

On raconte qu'un moine, un grand ami de Dieu, convaincu par ceux qui vivaient avec lui dans le désert, fut envoyé à Byzance pour plaider la cause de gens résidant dans leur voisinage, qui étaient maltraités et avaient à souffrir d'une manière intolérable. Arrivé là, il obtint aussitôt d'accéder auprès de l'empereur. Alors qu'il s'apprêtait à venir en sa présence, il franchit le seuil d'un seul pied, mais revenant soudain sur ses pas, il repartit en arrière. L'eunuque qui le conduisait et ceux qui étaient présents priaient l'homme avec insistance d'aller de l'avant, mais lui, sans rien répondre et comme s'il avait reçu un coup, revint de là dans la maison où il était descendu. Comme ceux qui l'accompagnaient lui demandaient pourquoi il avait fait cela, il déclara, dit-on, qu'il avait vu en face le prince des démons assis sur le trône dans le palais, et qu'il ne voulait ni le rencontrer, ni lui demander quelque chose.

Histoire secrète, XII, 18-26

HOMÈRE
VIIIᵉ s. av. J.-C.

VIRGILE
Iᵉʳ s. av. J.-C.

CLAUDIEN
Vᵉ s. ap. J.-C.

Philostrate

« Jeune chrétien, abandonne cette "larve" qui te semblerait plus hideuse qu'Empuse et Phorkyas si tu la pouvais voir telle qu'elle est », s'écrie le vieillard pour tirer Octavien des bras de la belle Arria Marcella, dans le récit fantastique de Théophile Gautier. C'est le conseil que donnait déjà, il y a près de deux mille ans, le sage Apollonios de Tyane au jeune et beau Ménippe alors qu'il s'apprête à épouser une ravissante créature.

MARIÉ... À UNE *VAMP* !

Apollonios lui dit : « Toi qui es beau et courtisé par les belles dames, sais-tu que tu réchauffes un serpent et qu'un serpent te réchauffe ? » Ménippe fut étonné ; Apollonios reprit : « Tu as une femme qu'on ne peut épouser. Comment ? Crois-tu donc qu'elle soit amoureuse de toi ?

– Pardieu oui, répondit Ménippe, puisqu'elle se comporte avec moi comme si elle était amoureuse !

– Et tu aimerais bien l'épouser ?

– Ce serait un grand bonheur que d'épouser une femme qui vous aime.

– Et à quand ces épousailles ?

– À très bientôt, demain peut-être. »

Apollonios attendit le moment du banquet et se présenta aux convives invités : « Où est, demanda-t-il, la beauté qui vous a invités ?

– La voici, dit Ménippe, qui se leva de son siège en rougissant.

– À qui de vous deux appartiennent l'or, l'argent et les autres objets précieux qui ornent cette salle ?

– À ma femme, dit-il, car voici tout ce que je possède », et Ménippe montrait son manteau.

Apollonios dit alors : « Connaissez-vous les jardins de Tantale, qui sont et ne sont pas ?

127

– Oui, répondirent-ils, mais seulement par Homère, car nous ne sommes pas descendus aux Enfers.

– Eh bien, sachez qu'il en est de même de tous ces ornements : ce n'est pas ici de la matière, mais seulement l'apparence de la matière. Voulez-vous que je me fasse mieux comprendre ? La charmante épousée est l'une de ces empuses, que le peuple appelle lamies ou mormolyces. Ce sont de grandes amoureuses, de l'amour et du sexe, mais encore plus de la chair humaine et c'est par le sexe qu'elles appâtent ceux qu'elles veulent dévorer. »

« Silence ! s'écria la jeune femme ; déguerpis ! », et elle fit mine d'être indignée de tout ce qu'elle venait d'entendre, et se mit à railler les philosophes et tous leurs délires. Tout d'un coup, les coupes d'or et les vases qu'on avait crus d'argent s'évanouirent, tout disparut, on ne vit plus ni échansons, ni cuisiniers, ni aucun des autres serviteurs : les vérités d'Apollonios avaient dissipé le prestige ; alors le spectre fit mine de pleurer et supplia Apollonios de ne pas le torturer pour lui faire avouer ce qu'il était. Mais Apollonios insista et ne voulut pas le lâcher ; alors il finit par dire qu'il était une empuse, qu'il gorgeait Ménippe de plaisirs pour le dévorer et qu'il avait coutume de se nourrir ainsi de beaux jeunes gens, parce qu'ils ont le sang très frais.

Vie d'Apollonios de Tyane, IV, 25

HOMÈRE
VIIIe s. av. J.-C.

VIRGILE
Ier s. av. J.-C.

CLAUDIEN
Ve s. ap. J.-C.

Phlégon de Tralles

Démostratos et sa femme Charito avaient une fille, nommée
Philinnion, qui est morte. Elle était secrètement amoureuse d'un
jeune ami de la famille, Machatès. Un jour, il est invité chez
eux. La nuit venue, la vieille nourrice de Philinnion découvre
que le jeune homme reçoit dans sa chambre la visite d'une jeune
fille, qui n'est autre que la défunte.

LA MORTE AMOUREUSE

La nuit tomba ; c'était maintenant le moment où
Philinnion avait l'habitude de le rejoindre. Ils la guet-
taient, car ils voulaient la voir venir, et elle vint. Elle
entra à l'heure habituelle et s'assit sur le lit. Machatès fit
comme si de rien n'était ; il voulait s'assurer – car il n'y
croyait pas le moins du monde – qu'il avait bien affaire à
une morte, qui venait le rejoindre toujours exactement
à la même heure, qui de plus dînait et buvait avec lui.
Il se refusait à croire ce que les autres lui avaient rapporté ; il pensait plutôt que des pilleurs de tombe avaient
ouvert le tombeau de Philinnion, qu'ils avaient vendu
ses vêtements et son or au père de la jeune fille. Il veut
donc en avoir le cœur net et envoie en secret ses esclaves chercher Démostratos et Charito. Ils le rejoignirent
au plus vite et, quand ils la virent, ils restèrent d'abord
sans voix, foudroyés de stupeur à la vue de ce prodige ;
puis ils poussèrent de grands cris et se jetèrent au cou de
leur fille. Alors Philinnion leur dit ces quelques mots :
« Cher père, chère mère, comme il est injuste à vous de
me priver des trois jours que j'avais à passer avec l'étranger dans la maison paternelle ! Je ne faisais rien de mal.
Vous devrez maintenant reprendre le deuil à cause de
votre curiosité malsaine et moi, je m'en vais maintenant
reprendre la place qui m'est destinée, car, si je suis revenue ici, c'est bien par la volonté des dieux ! » Elle dit ces

quelques mots et mourut sur place ; son corps demeura étendu, bien en vue, sur le lit. Son père et sa mère se jetèrent sur elle ; il y eut bien du vacarme et bien des larmes dans la maison en raison de ce drame, car ce malheur était insupportable et ce spectacle incroyable. On eut bien vite fait d'apprendre la chose en ville et de me la rapporter.

Aussi ai-je passé toute cette nuit-là à contenir les foules massées devant la maison ; je voulais m'assurer qu'il n'y eût pas de troubles, si pareille nouvelle venait à se répandre. Au petit jour, le théâtre était plein. Après l'exposé détaillé de tous les faits, on décida de se rendre d'abord au tombeau, et de l'ouvrir, pour voir si le corps gisait bien sur sa litière, ou si on le trouverait vide. Il ne s'était pas encore écoulé six mois depuis la mort de la jeune fille. Quand on ouvrit le caveau où reposaient tous les membres défunts de la famille, on vit des corps étendus sur leur litière et les ossements de ceux qui étaient morts depuis plus longtemps, mais, sur la litière où l'on avait étendu Philinnion pour la porter au tombeau, on retrouva seulement l'anneau de fer qui appartenait à l'invité, et le gobelet d'or qu'elle avait reçu de Machatès le premier jour. Ébahis et foudroyés de stupeur, on retourna aussitôt chez Démostratos pour voir si la morte se trouvait vraiment toujours là, bien en vue, dans la chambre d'amis. On la retrouva étendue par terre et l'on se rassembla sur la place publique : l'heure était grave ; et les événements, incroyables.

Le Livre des merveilles, I, 10-16

VI

MESSAGES DE L'AU-DELÀ

ANNONCES MORTUAIRES

Les manifestations paranormales ne surviennent pas au hasard et les défunts, ou les démons, ont toujours un but précis : souvent, ils jouent le rôle de messagers de l'au-delà et annoncent une mort – la leur, ou celle d'autrui. Les textes anciens, païens ou chrétiens, relatent ainsi souvent la visite, en rêve, d'une personne qui vient tout juste de mourir. Ce phénomène est encore bien connu et on l'a volontiers considéré comme l'une des preuves de l'existence de l'âme. Mais ce n'est pas seulement pour leur dire adieu que les morts rendent visite aux vivants ; c'est parfois aussi pour désigner ceux qui doivent les suivre : voir un défunt est souvent synonyme d'invitation au dernier voyage... qu'on se le dise !

HOMÈRE
VIIIe s. av. J.-C.

VIRGILE
Ier s. av. J.-C.

CLAUDIEN
Ve s. ap. J.-C.

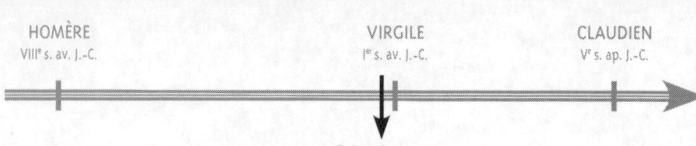

Cicéron

L'Auberge de Peyrebeille, plus connue sous le nom d'Auberge rouge – elle existe toujours – fut en France, au tout début du XIXe siècle, le théâtre d'une affaire criminelle qui inspira un roman de Balzac et plusieurs adaptations cinématographiques. Les auberges antiques n'avaient pas meilleure réputation et passaient, souvent à juste titre, pour de véritables coupe-gorge, mais celle de Mégare est restée célèbre pour d'autres raisons, plus « paranormales ».

L'AUBERGE ROUGE

Deux Arcadiens liés d'amitié faisaient route ensemble et étaient arrivés à Mégare ; l'un alla loger dans une auberge, l'autre chez son hôte ; comme ils dormaient l'un et l'autre après avoir dîné, celui qui logeait chez son hôte vit en songe dans le premier sommeil son ami l'appeler au secours, l'aubergiste s'apprêtant à le tuer ; effrayé d'abord par le cauchemar, il se leva, puis il se reprit, considéra que cette vision n'avait aucune valeur et se recoucha ; alors, comme il s'était rendormi, il vit à nouveau le même ami lui demander, puisqu'il ne l'avait pas secouru pendant qu'il était vivant, de ne pas laisser du moins sa mort impunie ; l'aubergiste avait jeté son corps sur un chariot et avait mis du fumier par-dessus ; il le priait de se trouver le lendemain à la porte de la ville avant la sortie du chariot ; ébranlé par ce nouveau rêve, notre homme se porta de bon matin au-devant d'un bouvier à la porte de Mégare et lui demanda ce qu'il y avait dans son chariot ; l'homme s'enfuit pris de panique ; on retira le mort, et l'aubergiste, son forfait dévoilé, fut châtié.

De la divination, I, 27, 57-58

HOMÈRE
VIIIᵉ s. av. J.-C.

VIRGILE
Iᵉ s. av. J.-C.

CLAUDIEN
Vᵉ s. ap. J.-C.

Plutarque

Le coup de balai, c'est ici celui que donne, dans tous les sens du terme, un fantôme qui a tout d'une Furie.

COUP DE BALAI

Tandis que le complot se tramait, un fantôme énorme et monstrueux apparut à Dion : celui-ci était assis, tard le soir, dans une grande pièce de sa maison, seul et plongé dans ses pensées, quand soudain un bruit se fit entendre à l'autre extrémité de la salle ; il tourna les yeux de ce côté et, comme il faisait encore jour, il vit une femme de grande taille, semblable en tout point pour le costume et le visage à une Érinye tragique, en train de nettoyer la maison avec un balai. Vivement frappé et épouvanté, il fit venir ses amis, leur raconta sa vision et les pria de rester et de passer la nuit auprès de lui, car il était tout à fait bouleversé et craignait que l'apparition ne se montrât de nouveau à ses yeux, quand il serait seul. Elle ne revint pas, mais quelques jours après son fils, qui n'était pas encore complètement sorti de l'enfance, à la suite d'un accès de chagrin et de colère dont le motif était léger et puéril, se précipita du haut du toit la tête la première et se tua.

Vies, Dion, LV, 1-4

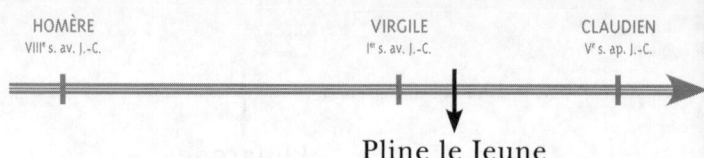

HOMÈRE
VIIIe s. av. J.-C.

VIRGILE
Ier s. av. J.-C.

CLAUDIEN
Ve s. ap. J.-C.

Pline le Jeune

Cette chronique d'une mort annoncée est celle de l'avocat et his-
torien Caius Fannius, qui se consacrait, au moment où la mort le
surprit, à la rédaction des sombres annales du règne de Néron.

CHRONIQUE D'UNE MORT ANNONCÉE

On m'annonce que C. Fannius est mort, et le chagrin
de cette nouvelle me jette dans un grand trouble, d'abord
parce que j'aimais cet homme distingué, éloquent, ensuite
parce que je recourais souvent à ses lumières. Il devait en
effet à son naturel de la pénétration, à son expérience
de l'habileté, à la justesse de ses vues de la décision. Je
déplore aussi son malheur à lui ; il est mort laissant un
testament déjà ancien, il a omis ceux qu'il aimait le plus,
comblé d'attentions ceux qui sont *aujourd'hui* ses ennemis.
Mais tout cela n'est rien ; le plus grave, c'est qu'il laisse un
très bel ouvrage inachevé. Bien que ses plaidoiries prissent
presque tout son temps, il écrivait cependant le récit de
la mort des personnages exécutés ou bannis par Néron,
et déjà il avait terminé trois livres, remarquables par la
finesse, l'exactitude et la pureté de la langue, tenant le
milieu entre la dissertation et l'histoire ; il désirait d'autant
plus mener les autres à bien que ceux-là étaient entre les
mains d'une foule de lecteurs. […]

D'ailleurs Caius Fannius avait longtemps à l'avance
pressenti cet accident. Il crut se voir durant le repos de
la nuit étendu sur son lit, dans l'attitude d'un homme
travaillant, son portefeuille devant lui (c'était son habitude). Ensuite, il se figura voir Néron arriver, s'asseoir
sur sa couche, tirer le premier livre de ses crimes qu'il
avait publié et le lire jusqu'au bout, en faire de même
pour le deuxième et le troisième, puis s'en aller. Il eut
peur et crut comprendre qu'il cesserait d'écrire là où
Néron avait cessé de lire, et ainsi en fut-il.

Lettres, V, 5

Plutarque

Brutus était l'un des conjurés qui poignardèrent le dictateur Jules César un jour de mars 44 avant notre ère. Poursuivi par Octave et Marc Antoine, il se réfugie en Orient. Il était sur le point de passer d'Asie Mineure en Europe, au début de l'année 42, peu avant la bataille de Philippes, quand il eut cette vision.

DÉMON DE MALHEUR

Comme ils étaient sur le point de sortir d'Asie, Brutus, dit-on, reçut un grand signe. Par nature, c'était un homme enclin à veiller, et, par ascèse et discipline, il réduisait son sommeil à une petite portion de temps : il ne dormait jamais le jour, et la nuit il ne se reposait que lorsqu'il n'avait plus rien à faire, ni personne avec qui s'entretenir, et que tout le monde était couché. À cette époque, depuis que la guerre était engagée, ayant entre les mains la direction générale des opérations et son esprit étant tendu vers l'avenir, il s'assoupissait en début de soirée après le repas, mais employait ensuite le reste de la nuit à expédier les affaires urgentes. Quand il avait fini de régler tout ce qu'il fallait à cet égard, il lisait un livre jusqu'à la troisième garde, heure à laquelle centurions et tribuns militaires avaient coutume de venir auprès de lui. Lors donc qu'il se disposait à faire passer son armée hors d'Asie, au cours d'une nuit très profonde, sa tente n'étant que faiblement éclairée et tout le camp plongé dans le silence, Brutus, tandis qu'il réfléchissait et s'absorbait dans ses pensées, crut s'apercevoir que quelqu'un entrait chez lui. Il tourne alors les yeux vers la porte et voit la forme terrible et étrange d'un être extraordinaire, effrayant, posté silencieusement près de lui. Il ose le questionner : « Qui es-tu, lui dit-il, homme ou dieu ? Dans quelle intention es-tu venu chez moi ? »

137

Le fantôme répond à voix sourde : « Je suis, Brutus, ton mauvais démon ; tu me verras à Philippes. » À quoi Brutus réplique sans se troubler : « Je t'y verrai donc. »

Le fantôme une fois disparu, Brutus appela ses esclaves ; ils dirent qu'ils n'avaient entendu aucune voix, ni vu aucune apparition. Alors Brutus continua de veiller, mais, au point du jour, il alla trouver Cassius et lui raconta sa vision.

Vies, Brutus, XXXVI, 1-XXXVII, 1

HOMÈRE
VIII° s. av. J.-C.

VIRGILE
I° s. av. J.-C.

CLAUDIEN
V° s. ap. J.-C.

Phlégon de Tralles

Avril 191 avant notre ère, dans le défilé des Thermopyles, en Grèce : les légions romaines massacrent les troupes du roi de Syrie, Antiochus le Grand. Peu après, un officier syrien mort au combat ressuscite et annonce aux Romains qu'ils seront punis pour leurs crimes. Le général romain Publius est alors frappé de folie et se met à prophétiser de grandes calamités.

LES PROPHÉTIES DU CRÂNE

Après avoir rendu cet oracle, Publius fit silence ; il sortit du camp et il monta dans un chêne. La foule l'ayant accompagné, il s'adressa à ceux qui la composaient et leur tint ce discours :

« Soldats, que vous soyez romains ou non, je vais, moi, mourir dévoré par un grand loup roux, aujourd'hui même ; et vous, ce que je vous ai annoncé, sachez que tout cela vous arrivera. Que vous servent de preuves de ce que j'ai dit la vérité à la suite d'une indication divine l'apparition de la bête qui doit survenir maintenant et ma disparition. »

Après avoir prononcé ces paroles, il ordonna que la foule s'éloignât et que personne n'empêchât la bête de s'approcher, en déclarant que, s'ils la mettaient en fuite, cela ne serait pas de leur intérêt.

La multitude fit ce qui avait été prescrit, et peu après voici que le loup arrive. L'ayant aperçu, Publius descendit de son chêne et se laissa tomber à la renverse. Alors le loup le mit en pièces et le dévora sous les yeux de tous. Puis, après avoir englouti le corps de Publius, à l'exception de la tête, il retourna dans la montagne.

Comme la foule s'était approchée et qu'elle voulait emporter ce qui restait et lui rendre les derniers devoirs selon la coutume, la tête qui gisait par terre proféra les vers suivants :

« Ne touchez pas à notre tête ; car il n'est pas permis à ceux à qui Athéna a mis une bile amère dans la poitrine de toucher une tête divine : mais arrêtez et prêtez l'oreille à l'oracle, par lequel je vous dirai la vérité. En effet, il viendra sur cette terre le multiple et puissant Arès, qui enverra un peuple en armes dans l'obscurité chez Hadès, puis brisera les tours de pierres et les longs remparts. Et nos richesses, et nos enfants nouveau-nés, et nos épouses, après s'en être emparé, il ira vers l'Asie en traversant sur les flots. Ce sont des choses véridiques que vous a dites Phoibos Apollon Pythien, qui m'a envoyé son puissant serviteur pour me conduire vers les demeures des bienheureux et de Perséphone. »

Ayant entendu cet oracle, ils furent extrêmement bouleversés. Et, après avoir élevé un temple et un autel à Apollon Lykios (le Loup), là où gisait la tête, ils s'embarquèrent sur leurs navires et naviguèrent, chacun vers sa propre patrie. Et il advint que tout ce que Publius avait dit se réalisa.

Le Livre des merveilles, III, 12-15

HOMÈRE
VIIIᵉ s. av. J.-C.

VIRGILE
Iᵉʳ s. av. J.-C.

CLAUDIEN
Vᵉ s. ap. J.-C.

Zosime

Refoulés par les invasions des Huns en territoire romain, les Goths se livrent à la rapine et au pillage. Pour les neutraliser, l'empereur Valens réunit l'une des plus grandes armées de toute l'histoire de l'Empire romain. Les troupes étaient en marche pour affronter l'ennemi quand elles découvrirent un corps… Ce spectre annonçait la fin d'un homme, l'empereur lui-même, qui périt peu après, avec toutes ses légions, mais aussi la chute d'un Empire. C'était en l'an 378 de notre ère.

LE SPECTRE DE LA FIN DU MONDE

La situation dans ces parages étant menacée d'un très grave péril, on se précipite vers l'empereur pour lui annoncer ce qui s'est passé ; celui-ci régla comme il le put les problèmes en cours avec les Perses, se rendit en hâte d'Antioche à Constantinople et, de là, se dirigea vers la Thrace, afin de faire la guerre aux Scythes réfugiés ; voici le prodige qui apparut à l'armée qui se mettait en route et à l'empereur lui-même. On vit un corps humain étendu sur le chemin, absolument immobile et qui semblait couvert de coups de fouet de la tête aux pieds, à part seulement ses yeux, qu'il avait ouverts, fixés sur ceux qui approchaient ; comme il ne répondit absolument rien à ceux qui lui demandaient qui il était, d'où il venait et de la part de qui il avait subi un tel traitement, on jugea que cela tenait du prodige et on le montra aussi à l'empereur qui était présent ; celui-ci ayant formulé les mêmes demandes, il resta tout aussi coi ; il ne paraissait ni vivant, à cause de l'immobilité totale de son corps, ni complètement mort, car son regard semblait plein de vigueur ; soudain le prodige disparut. Comme ceux qui se trouvaient là ne savaient donc que faire, ceux qui sont habiles à interpréter ces sortes de phénomènes expliquèrent que c'était la révélation du futur sort de l'État :

141

l'Empire continuerait à subsister, battu et couvert de coups de fouet, semblable à un agonisant, jusqu'au jour où il serait complètement détruit par la corruption des hommes au pouvoir et des gouverneurs ; or cette prédiction se révélera avoir été formulée avec justesse lorsque nous en viendrons à l'exposé détaillé des événements.

Histoire nouvelle, IV, 21, 1-3

ESPRIT, ES-TU LÀ ?

Il fut un temps en Occident où les tables tournantes faisaient tourner bien des têtes, où l'on prétendait se mettre, par leur entremise, en communication avec l'autre monde et converser avec les esprits des ancêtres ou des célébrités du temps passé. Cette pratique reçut le nom de spiritisme et elle eut de fervents adeptes : parmi les plus célèbres, Alexandre Dumas, George Sand, Théophile Gautier ou encore Victor Hugo et, outre-Manche, Sir Arthur Conan Doyle. Mais le spiritisme est vieux comme le monde ; dans l'Antiquité déjà, on croyait que les sorciers avaient le pouvoir d'évoquer les esprits et de contraindre les morts à revenir : c'est ce qu'on appelle la nécromancie, la « divination par les morts ». Les nécromants forcent les défunts à sortir de leurs demeures souterraines et à exécuter leurs ordres, leur demandant le plus souvent des prédictions ou leur confiant une malédiction à réaliser. Les textes, en tout cas, sont unanimes sur un point : les morts ont une sainte horreur d'être rappelés.

HOMÈRE
VIIIe s. av. J.-C.

VIRGILE
Ier s. av. J.-C.

CLAUDIEN
Ve s. ap. J.-C.

Philostrate

Comment faire revenir les morts ? Il suffit parfois d'une simple prière, comme dans le cas du sage Apollonios de Tyane, quand il rappelle le défunt Achille.

COME-BACK

« Je n'ai pas, dit Apollonios, creusé de fosse, comme Ulysse, je n'ai pas évoqué les âmes avec le sang des agneaux pour engager la conversation avec Achille ; j'ai seulement fait la prière que les Indiens disent faire pour leurs héros : « Ô Achille ! ai-je dit, la plupart des gens te croient mort, mais je ne suis pas d'accord avec eux, pas plus que Pythagore, dont je tiens mon savoir. Si donc nous avons raison, montre-toi à nous sous la forme que tu as, car tu pourrais tirer grand profit de mes yeux si tu en usais pour témoigner de ton existence. »

Sur quoi, il se produisit une brève secousse autour du tumulus, et il en sortit un jeune homme haut de cinq coudées, habillé d'un manteau à la thessalienne ; il n'avait rien de cet air fanfaron que d'aucuns prêtent à Achille. Il est vraiment terrible à voir, mais n'a rien perdu de son éclat, et l'on n'a pas encore vanté, selon moi, sa beauté comme elle le mérite, bien qu'Homère en ait beaucoup parlé : c'est qu'elle dépasse les mots et que celui qui entreprend de la chanter risque plutôt de lui faire du tort que de la glorifier dignement. Il apparut avec la taille que je viens de dire, puis il grandit et bientôt doubla, et même plus encore ; du moins, il me parut haut de douze coudées lorsqu'il eut atteint sa taille définitive, et sa beauté croissait avec sa grandeur. Il me dit qu'il n'avait jamais coupé sa chevelure : il l'avait conservée entière pour le fleuve Sperchius, le premier oracle qu'il eût consulté, et ses joues portaient encore leur premier duvet.

Vie d'Apollonios de Tyane, IV, 16

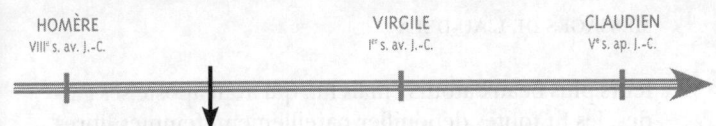

HOMÈRE
VIIIe s. av. J.-C.

VIRGILE
Ier s. av. J.-C.

CLAUDIEN
Ve s. ap. J.-C.

Hérodote

Incestueux, voyeur et nécrophile, brutal, meurtrier et mauvais père, Périandre, le sanguinaire tyran de Corinthe, a décidément tout pour plaire. Son épouse Mélissa meurt dans des conditions suspectes – peut-être frappée à coups d'escabeau ou rouée de coups de pieds, on ne sait –, après lui avoir donné deux fils. Périandre célèbre les funérailles de la défunte, mais omet de faire brûler sa garde-robe avec le corps de son épouse. Aussi, quand il consulte l'esprit de la morte pour savoir où se trouve un trésor qu'il convoite, n'accepte-t-elle de parler qu'à une seule condition, qui fournira prétexte au despote pour la rhabiller tout en déshabillant les Corinthiennes.

STRIP-TEASE POUR UN FANTÔME

Tout ce que Kypsélos avait laissé à tuer ou à bannir, Périandre l'acheva ; et en une seule journée il fit dépouiller de leurs vêtements toutes les femmes des Corinthiens en l'honneur de sa propre femme Mélissa. Il avait envoyé des députés au pays des Thesprotes sur les bords du fleuve Achéron consulter l'oracle des morts au sujet d'un dépôt fait par un étranger ; Mélissa apparut et déclara qu'elle n'indiquerait ni ne révélerait à quel endroit se trouvait ce dépôt parce qu'elle avait froid et qu'elle était nue ; car les vêtements qu'il avait fait enterrer avec elle ne lui servaient à rien, n'ayant pas été brûlés ; et elle ajouta que ce détail serait pour lui une preuve qu'elle disait vrai : qu'il avait enfourné ses pains dans un four froid. Quand cette réponse eut été apportée à Périandre – ayant reconnu au signe donné qu'il pouvait y avoir confiance, car il s'était uni à Mélissa alors qu'elle était morte –, aussitôt après le message reçu, il fit ordonner par une proclamation que toutes les femmes des Corinthiens se rendissent hors de la ville au temple d'Héra. Elles y allèrent, comme pour une fête, parées de leurs plus beaux atours ; mais lui, qui avait aposté ses gardes, les fit toutes dépouiller pareillement, femmes libres et servantes, fit porter les dépouilles en monceau dans une fosse et les y fit brûler pendant qu'il priait Mélissa. Cela fait, il envoya consulter pour la seconde fois ; et le spectre de Mélissa indiqua en quel lieu elle avait mis le dépôt de l'étranger.

Histoires, V, 92

HOMÈRE
VIIIᵉ s. av. J.-C.

VIRGILE
Iᵉʳ s. av. J.-C.

CLAUDIEN
Vᵉ s. ap. J.-C.

Héliodore

Faire tourner les tables est une pratique bien inoffensive en comparaison des préparatifs requis pour rappeler un mort dans l'Antiquité. En voici un exemple.

DEBOUT LES MORTS !

À peine sortis du champ de cadavres, ils trouvent un petit tertre. Là Calasiris se coucha, la tête sur le carquois. Chariclée resta assise sur sa besace. La lune, qui venait de se lever, illuminait la terre d'une vive clarté. C'était le troisième jour après la pleine lune. Calasiris, épuisé par l'âge et la fatigue du voyage, s'endormit. Chariclée, que tenaient éveillée ses soucis, fut témoin d'une scène diabolique, familière aux Égyptiennes. La vieille mère, pensant que nul ne la dérangerait ni ne la verrait, commença par creuser un trou dans la terre. À droite et à gauche, elle alluma deux foyers, entre lesquels elle déposa le corps de son fils. Puis elle prit successivement sur un trépied placé à côté trois coupes d'argile, qu'elle vida dans le trou : l'une était remplie de miel, la deuxième de lait, la troisième de vin. Elle prit ensuite un gâteau de farine qui figurait un homme, le couronna de laurier et de fenouil et le jeta dans le trou. Enfin, elle ramassa une épée, et, agitée de mouvements frénétiques, adressa à la lune des invocations dans une langue barbare et étrange. Elle se fit une incision au bras, recueillit le sang avec une branche de laurier et en aspergea le foyer. Après d'autres pratiques non moins étonnantes, elle se pencha sur le cadavre de son fils, lui murmura à l'oreille je ne sais quelles incantations, et cette sorcière parvint à le réveiller et à le faire se dresser sur ses pieds. Chariclée, qui jusque-là avait assisté au spectacle non sans frayeur, ne put sans un frisson d'horreur contempler un tel prodige.

Les Éthiopiques. Théagène et Chariclée, VI, 14, 1-5

HOMÈRE
VIIIe s. av. J.-C.

VIRGILE
Ier s. av. J.-C.

CLAUDIEN
Ve s. ap. J.-C.

Apulée

Le jeune Thélyphron a veillé toute la nuit un mort et s'apprête à assister à son enterrement lorsque l'oncle du défunt, persuadé que son neveu a été assassiné, invite un prêtre égyptien, du nom de Zatchlas, à le ressusciter quelques instants pour lui faire dire dans quelles conditions il a péri.

TÉMOIN À CHARGE

Après cette imploration, le prophète déposa une certaine herbe sur la bouche du cadavre et une autre sur la poitrine, puis, tourné vers l'est, invoqua silencieusement l'auguste soleil levant, faisant passer le public, par la solennité de son jeu de scène, de l'attente à la certitude du miracle.

Je m'étais glissé, badaud, parmi la foule, j'étais grimpé sur une haute borne, juste derrière le lit, je regardais de tous mes yeux, et voilà que la poitrine s'enfla et se souleva, que les veines se gonflèrent et battirent, que le corps se remit à respirer, que le cadavre se redressa et que le jeune mort parla : « S'il vous plaît, qu'est-ce que vous me voulez ? J'avais bu l'eau du Léthé, je passais le marais du Styx, pourquoi remettre ma machine en marche pour si peu de temps ? Ça va, ça va bien, je vous en prie, ça suffit, laissez-moi la paix ! » Ainsi parla le cadavre. Du coup, le prophète s'énerva : « Quoi ? Tu refuses de témoigner devant le peuple ? De révéler le secret de ta mort ? Tu ne sais pas qu'avec mes formules magiques je peux convoquer les Furies et te torturer à t'en briser les membres ? » Alors l'autre se redressa de son lit, et, dans un gémissement caverneux, parla ainsi au peuple : « Mis à mort à peine marié par les machinations maléficieuses de ma moitié, j'ai péri du poison d'une potion pernicieuse et laissé mon lit tiède encore aux ardeurs adultères. » Tout de suite, l'épouse, exceptionnelle de culot et bravant le sacrilège, réfuta catégoriquement les accusations du mari. La foule s'échauffait, des partis se formaient, les uns pour qu'on enterre vivante l'ignoble femelle avec le cadavre du mari, les autres pour qu'on ne croie pas les mensonges d'un cadavre.

Les Métamorphoses ou l'Âne d'or, II, 28-29

HOMÈRE
VIIIe s. av. J.-C.

VIRGILE
Ier s. av. J.-C.

CLAUDIEN
Ve s. ap. J.-C.

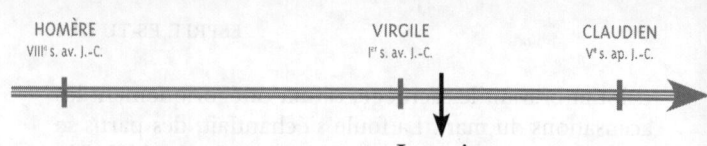

Lucain

*Les zombis sont des créatures connues de tous les amateurs
de films d'horreur. Dans le folklore haïtien, le zombi est un cadavre réanimé par la sorcellerie d'un* houngan, *un prêtre vaudou,
qui en fait un véritable automate de chair. Dépourvu de toute
volonté propre, il est chargé de l'assister dans ses œuvres maléfiques. C'est exactement le rôle que la sorcière Érichtho fait jouer à
sa créature, pour lui extorquer des révélations sur la guerre entre
César et Pompée.*

ZOMBI

Aussitôt le sang s'échauffa, réconforta les noires blessures et courut dans les veines jusqu'à l'extrémité des
membres. Les fibres frappées s'animent sous sa poitrine
glacée, et une vie nouvelle, s'insinuant dans les moelles
désaccoutumées, se mêle à la mort. Alors tous les mus-
cles palpitent, les nerfs se tendent, le cadavre ne se sou-
lève pas du sol membre par membre, mais il est repoussé
par la terre et se dresse tout d'un coup. Les paupières
s'écartent et les yeux se dévoilent ; il n'a pas encore la
figure d'un vivant, mais d'un mourant ; la pâleur et la rai-
deur lui restent, et il est stupéfait de revenir au monde.
Mais aucun murmure ne sort de sa bouche enchaînée :
la voix et la langue ne lui sont données que pour répondre. « Parle, dit la Thessalienne, sur ce que je t'ordonne,
et je t'en récompenserai grandement ; car si tu dis la
vérité, nous t'affranchirons, pour toute la durée de l'univers, des artifices hémoniens ; je brûlerai tes membres
avec une incantation infernale dans un sépulcre tel, au
moyen de bois tels que ton ombre n'écoutera plus les
enchantements d'aucun magicien. Que ce soit là le prix
de ta résurrection ; ni paroles ni herbes n'oseront plus
interrompre ton long sommeil du Léthé quand c'est moi
qui t'aurai donné la mort. Aux trépieds et aux prophètes

des dieux conviennent les prédictions obscures ; qu'il parte avec la certitude, celui qui demande la vérité aux ombres et va trouver courageusement les oracles de l'impitoyable Mort. Pas de ménagements, je te prie, donne aux choses leurs noms, donne les lieux, donne la voix, par laquelle les destins parlent avec moi. » Elle ajouta à ces paroles un charme qui donna à l'ombre la science de ce qu'elle voulait savoir. Les pleurs baignèrent le visage du cadavre affligé.

La Guerre civile (La Pharsale), VI, 750-776

HOMÈRE
VIIIe s. av. J.-C.

VIRGILE
Ier s. av. J.-C.

CLAUDIEN
Ve s. ap. J.-C.

Héliodore

Les fantômes errants et les spectres évoqués par les sorciers se recrutent souvent parmi les morts sans sépulture. Ne pouvant accéder aux Enfers, condamnés à la dérive entre deux mondes, ces défunts vouent aux vivants une rancune mortelle, que le magicien exploite pour servir de funestes desseins. Mais cette haine peut aussi se retourner contre le nécromant ; c'est ici une vieille sorcière, mère indigne de surcroît, qui interroge le cadavre de son fils, pour son propre malheur.

CADAVRE RÉCALCITRANT

Épouvantée, elle réveilla Calasiris pour qu'il vît, lui aussi, ce qui se passait. Ils étaient dans l'obscurité et invisibles. Ils distinguaient fort bien la scène, éclairée par la lueur des feux, et ils pouvaient même, à la faible distance où ils se trouvaient, comprendre les paroles de la vieille qui, maintenant, à haute et intelligible voix, interrogeait le cadavre. Elle lui demandait si son frère, le fils qui lui restait, reviendrait sain et sauf. Aucune parole ne sortit de sa bouche, mais il fit un signe de tête que la mère pouvait interpréter comme une réponse favorable, puis s'affaissa soudain et s'allongea la face contre terre. Elle retourna le corps sur le dos et, loin de renoncer à obtenir une réponse claire, elle réitéra avec plus de force encore les moyens de contrainte qu'elle avait déjà employés, le harcelant de ses incantations et bondissant l'épée à la main, tantôt vers le feu, tantôt vers la fosse. Elle le réveilla une seconde fois et, quand il se fut dressé, elle lui posa la même question et le contraignit à répondre, non point par des signes équivoques, mais par des paroles claires.

[…]

Le cadavre, d'une voix sourde et rauque qui semblait sortir de la terre ou des profondeurs d'une caverne, prononça ces paroles : « J'ai eu pitié de toi jusqu'ici, ô ma

152

mère, bien que tu fasses violence à la nature humaine, outrages les saintes lois des Parques et cherches à troubler ce qui est immuable, par ton art sacrilège. Je le supportais parce que les morts eux-mêmes gardent quelque respect pour leurs parents. Mais tu me forces toi-même à y renoncer. Tu ne te contentes plus, comme au début, de pratiques impies. Ton audace diabolique maintenant ne connaît plus de bornes. Il ne te suffit pas que, par tes sortilèges, je me lève et fasse un signe de tête, tu veux faire parler un cadavre. Tu négliges de m'enterrer et m'empêches ainsi de me mêler aux autres âmes défuntes, car tu ne songes qu'à te servir de moi. Apprends donc ce que jusqu'ici j'hésitai à te révéler. Ton fils ne reviendra pas sain et sauf, et toi-même, tu n'éviteras pas une mort sanglante. Tu as passé ton existence à exercer ces pratiques sacrilèges ; le sort réserve à tous ceux qui s'y livrent une mort violente, tu l'éprouveras bientôt toi-même. »

Les Éthiopiques.
Théagène et Chariclée, VI, 14, 5-6 et 15, 1-3

VII

GUERRE & PAIX

SOIF DE VENGEANCE

Ce que les morts veulent le plus souvent, c'est la vengeance. Derrière les récits antiques se profilent des croyances universelles : un homme assassiné ne peut reposer en paix tant que son meurtrier n'a pas été châtié. Les Anciens n'ont ainsi jamais cessé de croire que les âmes en peine pouvaient porter malheur à toute une famille, à tout un pays, pour un temps ou pour l'éternité. Elles se délectent au sacrifice des prisonniers, et les légendes sont peuplées d'ombres errantes qui vont dévastant les cités par la famine et la stérilité des femmes, la peste et la guerre. Tous les membres d'une société sont châtiés durant plusieurs générations par un spectre irrité parce qu'ils sont tous solidaires et de ceux qui ont commis l'offense, et de ceux qui ne réparent pas l'offense. Quant à ces vampires qui ont soif de sang et de justice, ils ne se posent pas le problème moral de la responsabilité : ils frappent où ils peuvent, tant qu'ils peuvent, toujours et partout, au hasard.

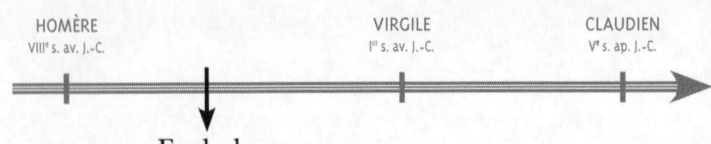

HOMÈRE
VIIIᵉ s. av. J.-C.

VIRGILE
Iᵉʳ s. av. J.-C.

CLAUDIEN
Vᵉ s. ap. J.-C.

Eschyle

La scène est à Delphes, dans le sanctuaire d'Apollon. On y voit les Furies, toutes de noir vêtues, prostrées dans un profond sommeil. Apparaît le fantôme de Clytemnestre, qui vient les harceler pour les lancer à la poursuite d'un fugitif : son meurtrier, qui n'est autre que son propre fils, Oreste.

CHASSE À L'HOMME

L'ombre de Clytemnestre. – Dormez bien ! Ohé ! Qu'ai-je besoin de dormeuses ? Tandis que vous m'abandonnez ainsi au mépris parmi les autres morts, on ne se prive pas de me traiter de meurtrière chez les ombres, et j'erre là dans la honte… Oui, je vous le répète, de mes actes on me fait un grand crime là-bas, et, après le sort atroce que j'ai subi d'un être proche entre les proches, il n'y a pas une divinité pour se révolter au nom d'une mère égorgée par la main d'un fils matricide. *(Entrouvrant sa robe.)* Vois : que ton cœur contemple mes plaies – dans le sommeil, l'âme mortelle est tout éclairée d'yeux, à qui le don de voir est refusé quand vient le jour. N'avez-vous donc jamais lapé mes offrandes, libations sans vin, sobres breuvages apaisants ? N'ai-je donc jamais sacrifié la nuit, à vos saints repas, sur les braises du foyer, à une heure ignorée de tous les autres dieux ? Et tout cela, aujourd'hui, je le vois piétiné ! Lui s'échappe, file comme un daim et, d'un bond léger, le voilà hors du filet, qui vous salue d'une magnifique grimace ! Écoutez-moi, je vous parle, il y va de ma vie ! Reprenez vos esprits, déesses souterraines ! Du fond de vos songes, Clytemnestre vous appelle. *(Grondement du chœur.)* Ah ! Vous pouvez bien gronder ! L'homme a filé, lui, et court au loin. Mes proches reçoivent de l'aide – et moi, non ! *(Grondement du chœur.)* Vraiment, tu dors trop, sans aucune pitié pour ce que j'endure. Et mon assassin, le parricide Oreste a filé ! *(Cri inarticulé du chœur.)* Tu gémis, mais tu dors : allons, vite, debout ! Qu'as-tu d'autre à faire que le mal ? *(Cri inarticulé du chœur.)* Le sommeil, la fatigue ont formé une ligue invincible pour épuiser les forces du farouche dragon. *(Double grondement strident du chœur.)*

LE CHŒUR. – Taïaut ! Taïaut ! Taïaut ! Taïaut ! Alerte !

L'OMBRE DE CLYTEMNESTRE. – Tu traques la bête en songe et tu jappes comme un chien hanté sans répit par le soin de sa besogne. Qu'as-tu donc ? Debout ! Ne succombe pas à la fatigue ! N'ignore pas, tout alanguie de sommeil, le tort que l'on te fait. Laisse ton cœur souffrir de justes reproches : ce sont les aiguillons du sage. Puis, sur cet homme, crache ton souffle sanglant, dessèche-le par l'haleine de feu de tes entrailles ! Poursuis-le, consume-le, traque-le à nouveau ! *(L'ombre disparaît.)*

Les Euménides, 94-139

HOMÈRE
VIIIᵉ s. av. J.-C.

VIRGILE
Iᵉʳ s. av. J.-C.

CLAUDIEN
Vᵉ s. ap. J.-C.

Ovide

Inspiré des tablettes de défixion, le Contre Ibis *est sans doute l'œuvre la plus violente d'Ovide : relégué à Tomes, le poète y déverse sa haine sur un ancien ami, qui aurait cherché à profiter de son exil pour satisfaire ses intérêts personnels. Il lui promet une guerre sans fin, par-delà même leur mort, de mânes à mânes.*

DUEL À MORT

Tant que les Thraces combattront à l'arc, les Iazyges à la lance, tant que le Gange sera tiède et l'Hister glacé, tant que les monts auront des chênes, les plaines de tendres pâturages, tant que couleront les eaux du Tibre étrusque, je te combattrai et la mort ne mettra pas fin à ma colère, mais j'armerai d'armes cruelles mes mânes contre tes mânes.

Alors même que je me serai évanoui dans le vide des airs, mon ombre inanimée haïra ta conduite ; alors même, je viendrai, ombre gardant le souvenir de tes actes, et l'image de mon squelette poursuivra tes regards. Soit que, à dieu ne plaise, je meure épuisé par la longueur des ans, soit que je me libère par une mort de ma main, soit qu'un naufrage me ballotte sur l'immensité des mers et qu'un lointain poisson dévore mes entrailles, soit que des oiseaux étrangers déchirent mes membres, soit que les loups teignent leurs gueules de mon sang, soit qu'on daigne me mettre en terre et livrer mon corps sans âme au bûcher plébéien, quel que soit mon sort, je tâcherai de m'arracher aux bords du Styx et je tendrai, pour me venger, mes mains glacées vers ton visage. Tu me verras dans tes veilles et, t'apparaissant dans les ombres silencieuses de la nuit, je chasserai ton sommeil. Enfin, quoi que tu fasses, je volerai devant ton visage et devant tes yeux, je gémirai et, nulle part, tu n'auras de repos.

Contre Ibis, 135-158

HOMÈRE
VIIIᵉ s. av. J.-C.

VIRGILE
Iᵉʳ s. av. J.-C.

CLAUDIEN
Vᵉ s. ap. J.-C.

Hérodote

540 avant notre ère, quelque part au large de la Corse : une bataille navale oppose les Phocéens aux Carthaginois et aux Tyrrhéniens. Elle se solde par une victoire à la cadméenne – on parlerait aujourd'hui de victoire à la Pyrrhus – et donne lieu à un effroyable sacrilège : la lapidation des prisonniers phocéens. Ce massacre devait coûter cher à leurs auteurs.

VENDETTA

Arrivés à Kyrnos, ils vécurent cinq ans en commun avec les précédents arrivants et fondèrent des sanctuaires. Or ils attaquaient et pillaient tous leurs voisins ; aussi, d'un commun accord, les Tyrrhéniens et les Carthaginois se mirent-ils en guerre contre eux, avec chacun soixante vaisseaux. Les Phocéens armèrent eux aussi leurs navires, au nombre de soixante, et ils les rencontrèrent dans la mer que l'on nomme « détroit de Sardaigne ». Ils s'affrontèrent en combat naval, et les Phocéens remportèrent une victoire à la cadméenne : quarante de leurs vaisseaux furent coulés et les vingt autres mis hors d'usage, leurs éperons étant faussés. Ils naviguèrent jusqu'à Alalia, embarquèrent les femmes et les enfants et tous les biens qu'ils purent charger à bord, quittèrent Kyrnos et cinglèrent vers Rhégion. Les Carthaginois et les Tyrrhéniens se partagèrent par tirage au sort les équipages des vaisseaux coulés, et les Agylléens, qui en avaient obtenu de loin le plus grand nombre, emmenèrent leurs captifs et les lapidèrent. Dès lors, toute créature d'Agylla qui passait près de l'endroit où gisaient les corps des Phocéens lapidés devenait difforme, infirme, débile – ovins, bovins ou humains. Désireux de réparer leur faute, les Agylléens envoyèrent consulter l'oracle de Delphes. La Pythie leur prescrivit des cérémonies qu'ils accomplissent encore de nos jours : ils offrent des sacrifices grandioses à ces morts et célèbrent en leur honneur des jeux gymniques et équestres. Tel fut le sort de ces Phocéens.

Histoires, I, 166-167

HOMÈRE
VIIIe s. av. J.-C.

VIRGILE
Ier s. av. J.-C.

CLAUDIEN
Ve s. ap. J.-C.

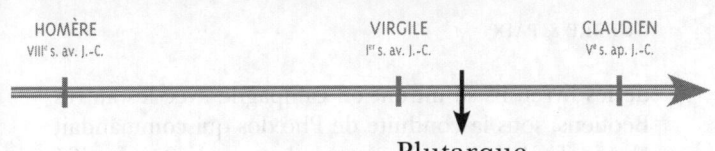

Plutarque

De tous les sentiments posthumes, le désir de vengeance est le plus violent. La victime d'un meurtre devient alors pour son ou ses assassins un ennemi mystérieux et redoutable, qui n'a de cesse d'obtenir réparation du préjudice subi. Ainsi du pauvre Phocos qui, pour son malheur, avait une fille trop belle.

PHOCOS ET LES TRENTE PRÉTENDANTS

Phocos était béotien de naissance, étant originaire de Glisas, et il était le père de Callirhoé, jeune fille d'une beauté et d'une vertu singulières. Elle était recherchée en mariage par trente jeunes gens qui comptaient parmi les plus considérés de la Béotie. Or Phocos reculait sans cesse le moment de la marier, craignant des suites violentes pour lui-même. Mais finalement, pressé par les prétendants, il demanda qu'on remît à la décision du dieu pythien le choix du mari : irrités par sa proposition, ils se jetèrent sur lui et le tuèrent. Au milieu du tumulte, la jeune fille s'enfuit à toutes jambes à travers la campagne, où les jeunes gens la poursuivirent. Mais elle rencontra des paysans qui entassaient du blé sur l'aire et lui sauvèrent la vie. Ils la cachèrent en effet dans le grain, si bien que, dans leur course, ses poursuivants passèrent outre. Pour elle, une fois tirée d'affaire, elle attendit la fête nationale des Béotiens et, s'étant alors rendue à Coronée, elle s'assit en suppliante sur l'autel d'Athéna Itonia et raconta le crime des prétendants, en spécifiant le nom et la patrie de chacun d'eux. Les Béotiens s'apitoyèrent sur la jeune fille et s'indignèrent contre les prétendants. Informés du fait, ceux-ci s'enfuirent à Orchomène. Éconduits par les gens du lieu, ils coururent à Hippotai, un bourg situé au pied de l'Hélicon entre Thisbé et Coronée. Là, on voulut bien les recevoir. Alors les Thébains envoyèrent réclamer les meurtriers de Phocos. Les gens d'Hippotai refusant

163

de les livrer, ils se mirent en campagne avec les autres Béotiens, sous la conduite de Phœdos qui commandait alors à Thèbes. Ils assiégèrent le bourg qui était fortifié et, étant venus à bout des occupants en les privant d'eau, ils prirent et lapidèrent les meurtriers et réduisirent les habitants en esclavage. Puis, ayant rasé murailles et maisons, ils répartirent le territoire entre Thisbé et Coronée. On raconte que, la nuit qui précéda la prise d'Hippotai, on entendit à plusieurs reprises du côté de l'Hélico, une voix qui disait : « Je suis là », et les trente prétendants reconnurent la voix de Phocos. À Glisas, le jour où on les lapida, le tombeau du vieillard ruissela, dit-on, de safran.

Histoires d'amour, 4 (774d-775b)

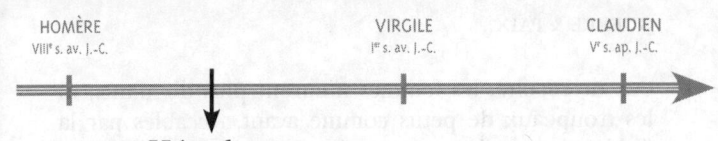

HOMÈRE
VIIIᵉ s. av. J.-C.

VIRGILE
Iᵉʳ s. av. J.-C.

CLAUDIEN
Vᵉ s. ap. J.-C.

Hérodote

L'île de Lemnos semble être depuis la nuit des temps le théâtre d'un génocide permanent : c'est ici celui des Athéniennes, que les Pélasges avaient enlevées, et des enfants qu'ils en avaient eus. Elles étaient déjà menaçantes de leur vivant ; une fois mortes, elles devinrent absolument maléfiques.

L'ÎLE DES DAMNÉS

Ces Pélasges, habitant alors à Lemnos, voulurent se venger des Athéniens ; ils étaient bien au courant de leurs fêtes ; s'étant procuré des pentéconthères, ils guettèrent les femmes athéniennes tandis qu'elles célébraient une fête à Brauron en l'honneur d'Artémis, en enlevèrent de là un grand nombre et, reprenant la mer, les emmenèrent à Lemnos, où ils en firent leurs concubines. Ces femmes, à mesure que s'accrut le nombre de leurs enfants, enseignaient à leurs fils la langue d'Athènes et les coutumes des Athéniens. Eux ne voulaient pas se mêler aux enfants des femmes pélasges ; si l'un d'eux était frappé par quelqu'un de ceux-là, tous venaient à la rescousse, et ils se défendaient les uns les autres ; même, ils se croyaient en droit d'exercer le commandement parmi les enfants, sur qui ils l'emportaient de beaucoup. Les Pélasges s'en aperçurent et tinrent conseil entre eux ; et, pendant qu'ils délibéraient, une crainte leur vint à l'esprit : si déjà ces enfants décidaient de se porter secours contre les enfants des femmes légitimes et si, sans plus attendre, ils tentaient de leur commander, que pourraient-ils bien faire quand ils seraient devenus des hommes ? Les Pélasges résolurent alors de tuer les enfants nés des femmes athéniennes. Ce qu'ils firent en effet ; et ils massacrèrent aussi les mères de ces enfants. [...]

Après que les Pélasges eurent fait périr leurs propres enfants et les femmes, la terre ne porta plus chez eux de récolte, les femmes n'eurent plus d'enfants, ni les troupeaux de petits comme avant. Accablés par la famine et par le manque d'enfants, ils envoyèrent à Delphes demander une façon de se délivrer des maux où ils étaient ; et la Pythie leur ordonna d'accorder aux Athéniens la satisfaction que les Athéniens eux-mêmes jugeraient équitable.

Histoires, VI, 138-139

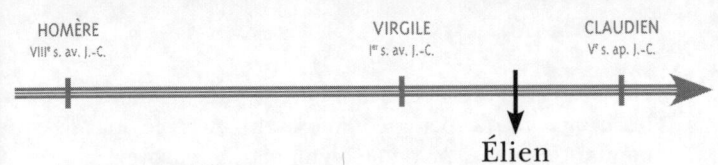

HOMÈRE
VIII° s. av. J.-C.

VIRGILE
I°° s. av. J.-C.

CLAUDIEN
V° s. ap. J.-C.

Élien

En matière de représailles, une fois de plus, les fantômes d'animaux ne sont pas en reste, en voici la preuve.

LA VENGEANCE DU COBRA FANTÔME

Un paysan, dans sa vigne, faisait un trou pour y planter un beau surgeon de bonne qualité quand, d'un coup de pioche, il coupa en deux sans s'en rendre compte un cobra sacré et totalement inoffensif pour l'homme, qui avait son gîte sous terre. En retournant la terre et en apercevant la queue enfouie dans le sable, et l'autre moitié de l'animal, qui allait du ventre jusqu'au cou, encore en train de se tortiller, pleine de sanie du fait de la coupure, il fut pris de panique, perdit ses esprits et entra dans une authentique folie d'une extrême violence. Le jour, il ne maîtrisait ni sa personne ni sa pensée, mais il délirait surtout pendant la nuit : il bondissait hors de son lit, prétendait que le cobra le poursuivait, poussait des cris épouvantables et appelait à l'aide, comme s'il était sur le point d'être mordu ; il allait jusqu'à dire qu'il voyait le fantôme de celui dont il avait pris la vie le menacer d'un air furieux, assurant même parfois qu'il avait été mordu, et, à entendre ses gémissements, il était évident qu'il souffrait. Comme la maladie se prolongeait, ses proches conduisirent l'homme comme suppliant au temple de Sérapis et demandèrent au dieu d'écarter de lui le spectre de l'animal en question et de le faire disparaître. Le dieu eut alors pitié de l'homme et le guérit. On a vu cependant dans ce récit, et de manière amplement suffisante, que le cobra n'est pas resté sans vengeance.

La Personnalité des animaux, XI, 32

167

SINGULIERS COMBATS

La mort ne met pas un terme aux ardeurs belliqueu-
ses, et les guerriers morts au combat poursuivent souvent
leur lutte dans l'au-delà. Ces combattants de l'éternel
peuvent même rejouer, des siècles durant, leur tragédie :
pour eux, point d'armistice ! Parfois, ils volent au secours
de soldats en péril et inversent le cours d'une bataille ;
parfois aussi, ils guerroient pour le plus grand malheur
des vivants, comme la Chasse Sauvage, cette troupe de
défunts errant par monts et par vaux. Il s'agit tantôt
d'une véritable chasse, conduite par un être démoniaque ou voué aux puissances infernales, accompagné de
sa meute de chiens, tantôt d'une armée de spectres qui
erre, souvent dans la tempête, et poursuit sans fin dans
l'autre monde ses exploits guerriers. Le passage de cette
compagnie fantomatique voguant dans les airs s'accom-
pagne toujours de bruits et de rumeurs, témoignant qu'il
s'agit sans doute, à l'origine, d'une personnification de
l'orage et de la tempête. Il n'empêche : cette rumeur
suffit à inspirer l'épouvante.

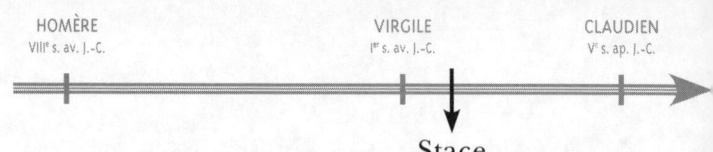

HOMÈRE
VIIIe s. av. J.-C.

VIRGILE
Ier s. av. J.-C.

CLAUDIEN
Ve s. ap. J.-C.

Stace

Il ne fait jamais bon se trouver sur le chemin d'une Chasse Sauvage, qui présage décès, guerres et famines. Les Anciens, apparemment, le savaient bien.

CHASSE SAUVAGE

Il existe une forêt chargée d'ans, courbée sous sa vieillesse encore robuste et dont le front est paré d'une chevelure éternelle ; nuls rayons du soleil ne peuvent la traverser ; les frimas ne l'ont pas entamée ; ni le Notus ni Borée qui s'élance en partant de l'Ourse gétique n'ont de pouvoir sur elle. En-dessous règne un calme trouble, le silence s'entoure de désolation et d'horreur et s'y reflète la pâle et sinistre image de la lumière du jour interdit. Ces ombres ont aussi leur divinité : la fille de Latone habite ce bois ; les sapins, les cèdres, tous les arbres en portent l'effigie que voilent les ténèbres sacrées de la forêt. On y entend, sans les voir, siffler ses flèches et, de nuit, aboyer ses chiens lorsqu'elle s'échappe des demeures de son oncle et prend de nouveau les traits plus aimables de Diane ; ou bien, lorsque, lasse des montagnes, le soleil au plus haut l'invite aux doux sommeils, c'est là qu'elle plante au loin ses traits tout autour d'elle et repose avec insouciance, la nuque appuyée sur son carquois. Au dehors, c'est la plaine, terre de Mars, d'une étendue prodigieuse, champs fécondés par Cadmus. Hardi fut celui qui, le premier, depuis ces luttes fratricides, ces moissons criminelles, osa en retourner la terre sous son soc et rouvrir des prairies imbibées de sang ! Cette terre funeste laisse échapper des bruits effroyables maintenant encore au milieu du jour et dans les ténèbres de la nuit solitaire, quand les noires créatures de la terre se relèvent pour simuler de vains combats. Le laboureur, tout tremblant, fuit en abandonnant le sillon commencé, et les taureaux rentrent à l'étable, pris de panique.

Thébaïde, IV, 419-442

HOMÈRE
VIIIᵉ s. av. J.-C.

VIRGILE
Iᵉʳ s. av. J.-C.

CLAUDIEN
Vᵉ s. ap. J.-C.

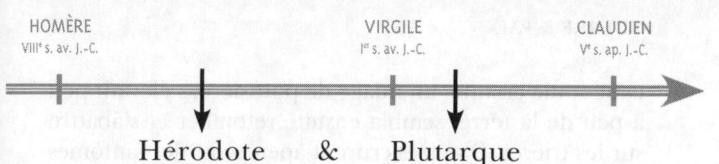

Hérodote & Plutarque

Septembre 480 avant notre ère : 380 trières athéniennes rem-
portent, dans le détroit de Salamine, une victoire éclatante sur
la flotte du roi des rois, Xerxès, pourtant forte d'un millier de
navires. La victoire était si inespérée que l'on voulut y voir l'œu-
vre d'une main surnaturelle.

LES SOLDATS DE SALAMINE

Les Grecs, alors, menèrent tous leurs vaisseaux
au large ; et, pendant qu'ils les menaient au large, les
Barbares furent aussitôt sur eux. Les autres Grecs étaient
prêts à reculer et à échouer leurs vaisseaux quand
Ameinias de Pallène, un Athénien, poussant en avant,
fondit sur un vaisseau ennemi ; le sien s'y attacha, et ils
ne pouvaient plus se dégager ; les autres accoururent au
secours d'Ameinias, et l'action s'engagea. C'est ainsi, à
ce que racontent les Athéniens, qu'aurait commencé le
combat ; d'après les Éginètes, ce serait le vaisseau qui
était allé chercher à Égine les Éacides, ce serait celui-là
qui aurait donné l'assaut le premier. On raconte aussi ce
qui suit : un fantôme de femme aurait apparu, et cette
apparition aurait exhorté à combattre, d'une voix assez
forte pour être entendue de toute l'armée des Grecs,
après avoir lancé cette invective : « Malheureux, jusqu'où
allez-vous encore reculer ? »

Histoires, VIII, 83-84

Le combat en était à ce point lorsqu'une grande lueur
s'éleva, dit-on, du côté d'Éleusis, tandis qu'un cri et une
clameur remplissaient la plaine de Thria jusqu'à la mer,
comme si une multitude d'hommes conduisaient ensemble la procession du mythique Iacchos. Puis, au-dessus de

171

cette foule criante, un nuage de poussière, s'élevant peu à peu de la terre, sembla ensuite retomber et s'abattre sur les trières. D'autres crurent apercevoir des fantômes et des figures d'hommes armés qui venaient d'Égine et tenaient leurs mains levées devant les vaisseaux grecs. On conjectura que c'étaient les Éacides, dont on avait imploré le secours avant le combat.

Vies, Thémistocle, XV, 8(119d-e)

HOMÈRE
VIIIe s. av. J.-C.

VIRGILE
Ier s. av. J.-C.

CLAUDIEN
Ve s. ap. J.-C.

Valère Maxime

Si le rouge est, dans notre société, évocateur de sang et de mort, il est, dans la Rome antique, la couleur du pouvoir. Le combattant pourpre qui prend part à la bataille de Philippes, en l'an 42 avant notre ère, n'est autre que le fantôme du dictateur Jules César, assassiné deux ans plus tôt par Brutus et Cassius, devenu un dieu invincible.

LE COMBATTANT POURPRE

Une fois mentionnée la ville d'où notre cité tire ses origines, le divin Jules, lignée bénie des dieux qui en est venue, s'offre à notre attention. Cassius, qu'il ne faut jamais mentionner sans signaler le crime qu'il a commis contre le père de notre patrie, s'acharnait au combat, à Philippes, le cœur plein de passion, quand il crut le voir, dans une attitude plus noble que celle que peut avoir un homme, revêtu de son manteau de pourpre, s'élançant sur lui, le visage menaçant, de toute la vitesse de son cheval. Effrayé par sa vision, il tourna le dos à son ennemi en s'écriant d'abord : « Que faire donc de plus, s'il ne suffit pas de l'avoir tué ? » Non, tu n'avais pas tué César, Cassius, car jamais une divinité ne peut être anéantie ; mais, en l'attaquant lorsqu'il avait une forme humaine, tu as bien mérité qu'il s'acharnât tellement contre toi quand il fut un dieu.

Faits et dits mémorables, I, 8, 8

173

HOMÈRE
VIIIᵉ s. av. J.-C.

VIRGILE
Iᵉʳ s. av. J.-C.

CLAUDIEN
Vᵉ s. ap. J.-C.

Photius

Été 451, deux chefs de guerre s'affrontent lors de la bataille dite des Champs Catalauniques : Aetius, « le Dernier des Romains », et Attila, « le Fléau de Dieu », à la tête de ses hordes barbares de Huns. Ce fut l'une des plus grandes batailles livrées dans l'ouest de l'Europe, mais, si le combat fit rage, il ne cessa pas faute de combattants.

L'ARMÉE DES OMBRES

Une bataille avait eu lieu devant la ville de Rome entre les Romains et les Scythes d'Attila sous le règne de Valentinien, successeur d'Honorius ; il y avait eu un tel massacre de part et d'autre qu'aucun des combattants des deux partis aux prises n'en réchappa, sauf les chefs et les quelques gardes qui les entouraient. Mais le plus fantastique, c'est le récit que voici : quand les combattants furent tombés d'épuisement physique, leurs âmes les retinrent debout au combat durant trois journées et trois nuits entières, sans qu'ils le cédassent en rien dans leur façon de se battre à des vivants, tant par leurs bras que par leur courage. On voyait donc et on entendait les fantômes des combattants se jeter les uns sur les autres et entrechoquer leurs armes à grand fracas. Et on a vu, dit l'auteur, d'anciennes visions de combats du même genre se manifester jusqu'à aujourd'hui, à ceci près que, dans ces combats, il se passe tout ce que feraient des vivants à la guerre, hormis que les combattants ne font pas entendre le moindre petit son de voix. Et il se produit une apparition de ce genre dans la plaine de Sogda qui était autrefois un marécage ; elle se manifeste vers l'aube quand le soleil commence déjà à éclairer la terre ; une seconde apparition a lieu à Courboi, région de Carie ; là en effet, non pas quotidiennement, mais parfois à quelques jours d'intervalle, sans que ces intervalles soient réguliers, de la première aube jusqu'au moment où le soleil se lève dans toute sa lumière, on voit apparaître, hantant l'air, « des fantômes ombreux d'âmes » qui se battent entre eux. Et, de notre temps, des gens incapables de mensonge ont raconté qu'en Sicile, dans la plaine dite « des quatre tours », et dans de nombreux autres endroits de ce pays, on voit des fantômes de cavaliers ennemis qui chargent, et c'est surtout l'été, en plein midi.

Bibliothèque 242 (339b, 12-340a, 4)
= Damascius, *Vie d'Isidore*, 63

HOMÈRE
VIIIᵉ s. av. J.-C.

VIRGILE
Iᵉʳ s. av. J.-C.

CLAUDIEN
Vᵉ s. ap. J.-C.

Nazarius

Les commandos du ciel sont ceux que le défunt empereur Constance envoie combattre aux côtés de son fils Constantin pour chasser l'usurpateur Maxence. Ces événements se déroulaient quelque part en Gaule, en l'an 313 de notre ère.

LES COMMANDOS DU CIEL

Enfin, toutes les bouches redisent dans les Gaules que des armées apparurent, qui se flattaient d'avoir été envoyées par les dieux. Bien que les êtres célestes ne tombent point d'ordinaire sous les yeux des hommes, parce que la substance simple et immatérielle d'une nature subtile échappe à notre vue grossière et aveugle, là pourtant tes auxiliaires consentirent à se laisser voir et entendre, et ils ne se dérobèrent au contact des regards mortels qu'après avoir porté témoignage de tes mérites. Mais quelle était, dit-on, leur beauté ! Quelle était la vigueur de leur corps ! La grosseur de leurs membres ! La promptitude de leurs résolutions ! Il flambait je ne sais quel feu redoutable sur leurs boucliers étincelants, et leurs armes célestes brillaient d'une lumière terrifiante. Tels ils étaient venus pour attester qu'ils étaient à toi. Et voici leurs paroles et les propos qu'ils tenaient à qui les écoutait : « C'est Constantin que nous cherchons, c'est à Constantin que nous allons porter secours. » Oui, les divinités ont aussi leur amour-propre, et les habitants du ciel eux aussi sont accessibles à la vanité. Ces êtres descendus du ciel, ces envoyés des dieux étaient fiers de combattre pour toi. À leur tête marchait, je crois, ton père Constance qui, abandonnant à un fils plus grand que lui les triomphes terrestres, élevé désormais au rang des dieux, conduisait des expéditions divines. Et c'est encore une riche récompense de ta piété que Constance, bien qu'admis au ciel, ait senti que, grâce à toi, il devenait encore plus grand. Et celui qui désormais pouvait sur d'autres répandre ses services a vu tes services à toi rejaillir sur lui-même.

Panégyriques latins, X(4), 14, 1-6

HOMÈRE
VIIIᵉ s. av. J.-C.

VIRGILE
Iᵉʳ s. av. J.-C.

CLAUDIEN
Vᵉ s. ap. J.-C.

Venance Fortunat

Un esprit cartésien ne verra dans ce récit que le passage d'une tempête ; les Anciens, eux, y voyaient les combats invisibles d'une armée fantomatique des morts, ou des démons, préfigurant un affrontement prochain. C'est ici celui du vertueux frère Clair contre le diabolique Anatole.

LES PHALANGES DÉMONIAQUES

Puis, son esprit novice abusé par les ruses de l'Ennemi, il raconte bientôt qu'un ange vient du ciel le voir et lui révéler les mystères impénétrables du Tout-Puissant, qu'il lui apporte d'un coup d'aile rapide les messages célestes et qu'il atteint à nouveau les nuages en remportant ses réponses d'homme. Il proclame qu'entre Dieu et lui la route est courte, se vante de toucher aux confins du ciel et d'être devenu désormais, par sa connaissance des secrets divins, un prophète. Toutefois ces déclarations mensongères n'amènent pas Clair à lui faire crédit. Alors Anatole, rempli d'une fureur inhabituelle, ose prétendre que le Seigneur va lui envoyer du ciel un vêtement qu'on lui apportera dans le silence de la nuit et qu'il revêtira pour que ce signe frappe de stupeur celui dont les paroles se livrent à la raillerie. Diverses rumeurs s'élèvent alors parmi le groupe des moines, et l'attente tient vainement en haleine la communauté. Cependant la nuit avait juste parcouru la moitié de ses heures et son char infléchissant son cours pivotait autour de la borne médiane quand subitement il se fit un grand bruit, les lieux sont ébranlés, le sol tremble en même temps que dans le monastère bouleversé grondent des voix confuses, des murmures rauques, des paroles entrecoupées de fracas. On eût cru voir voler dans l'espace des phalanges guerrières et passer des escadrons en tourbillons rapides. Puis, lorsque le tumulte s'affaiblit, que revient le calme et qu'à l'agitation tempétueuse succèdent paix et silence, Anatole appelle sur-le-champ un des moines pour lui montrer fièrement de près une tunique blanche : enveloppé dans cet ornement trompeur, il se gonfle d'orgueil dans le vide, vêtu de blanc, mais par un artifice du noir démon.

Vie de saint Martin, II, 229-263

VIII

TABOUS & VAUDOU

RITES ET SUPERSTITIONS

Les morts, on l'aura compris, ne sont donc pas morts, ou plutôt ils ne sont pas tout à fait morts. S'il faut en juger d'après l'ameublement des tombes, les vivants ont souvent eu le sentiment que les trépassés avaient encore besoin de manger, de boire, de se vêtir et de se divertir : cette vie après la mort, c'était, somme toute, la vie des morts après leur mort ; ce n'était pas une fin, mais un commencement, le commencement d'une vie nouvelle, une vie « différente ». Rien d'étonnant, par conséquent, à ce qu'ils reviennent parfois d'outre-tombe réclamer un objet oublié à ceux qui restent ! Leur bien-être dans l'au-delà dépend de la sollicitude des vivants à leur égard : il suffit, en principe, pour vivre en paix avec les morts de leur donner une sépulture décente et de leur rendre régulièrement hommage. Mais leurs exigences sont parfois étonnantes ; en voici quelques-unes.

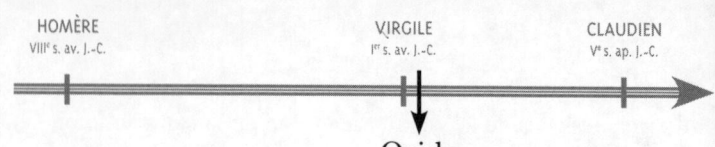

HOMÈRE
VIIIe s. av. J.-C.

VIRGILE
Ier s. av. J.-C.

CLAUDIEN
Ve s. ap. J.-C.

Ovide

*Les morts ont du pouvoir parce qu'ils continuent à vivre
dans leur tombe : ce sont des mânes, à la fois divinités infernales et esprits des défunts. Ces dieux mânes peuvent devenir
malfaisants ; aussi faut-il se concilier leurs bonnes grâces en
leur offrant une sépulture convenable et en célébrant des fêtes
en leur honneur. Si ces rites sont négligés et leurs droits bafoués,
les trépassés sortent de leur tombe, comme en ce jour maudit des*
Feralia, *un 21 février.*

LA NUIT DES MORTS VIVANTS

C'est aussi le moment d'honorer les tombeaux,
d'apaiser les mânes des ancêtres et de porter de menues
offrandes sur le tertre des sépultures. Les mânes demandent peu de chose : la piété leur est plus agréable qu'une
riche offrande ; il n'y a pas de dieux avides dans les profondeurs du Styx. Ils se contentent du don des couronnes qui recouvrent une tuile, de quelques grains, d'une
pincée de sel, de pain trempé dans le vin et de violettes
éparses : dépose ces offrandes dans un vase en terre cuite
que tu laisseras au milieu du chemin. Je ne m'oppose pas
à une plus grande générosité, mais ces offrandes suffisent
à apaiser les ombres : le foyer une fois érigé, ajoute les
prières et les paroles appropriées. Cette tradition, c'est
Énée, maître qualifié en piété, qui l'a introduite dans tes
terres, ô vertueux Latinus. C'est lui qui portait au génie
de son père des offrandes annuelles ; c'est de lui que le
peuple a appris les rites de la piété. Mais une fois, alors
que nos pères menaient une longue guerre aux combats
acharnés, ils négligèrent les jours des morts. Ce ne fut
pas impunément. On dit en effet que cette malencon-
treuse négligence valut à Rome de pâtir de la chaleur
dégagée par les bûchers des faubourgs. J'ai peine à le
croire : des tombes sortirent, dit-on, les ancêtres qui se

répandirent en plaintes dans la nuit silencieuse ; et à travers les rues de la Ville et l'étendue de la campagne on entendit les hurlements d'âmes sans visage, d'une foule sans consistance.

Les Fastes, II, 532-554

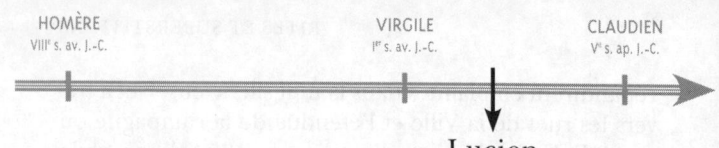

HOMÈRE
VIIIᵉ s. av. J.-C.

VIRGILE
Iᵉʳ s. av. J.-C.

CLAUDIEN
Vᵉ s. ap. J.-C.

Lucien

Selon une croyance ancienne, les défunts continuent d'utiliser dans l'au-delà les objets qu'ils utilisaient de leur vivant ; c'est pourquoi on les brûle ou on les enterre parfois avec le mort. Il s'agit en quelque sorte d'une mesure apotropaïque, destinée à prévenir son retour, car, une fois en possession de ses objets favoris, le défunt n'a plus aucune raison de revenir, telle la douce Démainété.

LA SANDALE EN OR

Nous parlions ainsi quand les fils d'Eucratès revinrent de la palestre : l'un était déjà sorti de la classe des éphèbes, l'autre avait environ quinze ans. Ils nous saluèrent et s'assirent sur le lit à côté de leur père : on m'apporta un fauteuil. Alors Eucratès, comme si la vue de ses fils lui rappelait un souvenir :

« Aussi vrai que je souhaite voir grandir ces enfants, dit-il en posant la main sur chacun des deux garçons, je vais te raconter une histoire véritable, Tychiadès. Chacun sait combien je chérissais ma défunte épouse, leur mère. On l'a vu à la manière dont je l'ai traitée, non seulement de son vivant, mais même après sa mort : j'ai brûlé avec elle tous ses bijoux et les vêtements qu'elle aimait quand elle était en vie. Or, sept jours après sa mort, je me trouvais sur le lit sur lequel je suis allongé maintenant, essayant d'apaiser mon chagrin : je lisais tranquillement le livre que Platon a consacré à l'âme. Sur ces entrefaites voici qu'entre Démainété en personne ; elle s'assied près de moi, comme maintenant Eucratidès que vous voyez. » Il montrait son plus jeune fils, qui frissonna aussitôt d'une manière enfantine : depuis longtemps déjà, il était pâle en entendant cette histoire.

« Pour moi, reprit Eucratès, dès que je la vis, je l'enlaçai et me mis à pleurer en sanglotant. Sans me laisser me lamenter, elle me dit que je l'avais honorée en tous points, mais qu'elle avait un reproche à me faire : ne pas avoir brûlé une de ses sandales en or. La chaussure, me dit-elle, était sous le coffre à côté duquel elle était tombée : voilà pourquoi nous ne l'avions pas trouvée et n'en avions brûlé qu'une. Nous parlions encore lorsqu'un maudit petit chien de Malte, qui était sous le lit, se mit à aboyer ; à cet aboiement, elle disparut. Quant à la sandale, on la retrouva sous le coffre et on la brûla par la suite. »

L'Ami du mensonge ou l'Incrédule, 27

HOMÈRE
VIIIᵉ s. av. J.-C.

VIRGILE
Iᵉʳ s. av. J.-C.

CLAUDIEN
Vᵉ s. ap. J.-C.

Phlégon de Tralles

Ce que le fantôme de Polycrite vient ici réclamer aux Étoliens, ce n'est pas un objet, mais un enfant, son propre enfant ; souffrant d'une malformation anatomique – c'est un hermaphrodite – il est perçu comme une menace par la cité, qui envisage de s'en débarrasser.

LA REQUÊTE DU FANTÔME

Alors qu'ils délibéraient de la sorte, voici que soudain apparaît, devant l'assemblée, près de son enfant, Polycrite, qui était pourtant déjà mort : il portait des vêtements noirs. À cette apparition, beaucoup de ses concitoyens prirent peur et s'enfuirent. Polycrite les pria de garder leur sang-froid et de ne pas être effrayés par l'apparition. Lorsque le tumulte extrême et le bruit eurent cessé, il prit la parole d'une voix faible :

« Sans doute, citoyens, par le corps, je suis mort, mais je vis encore par la bienveillance et l'intérêt que j'ai pour vous. Et me voici devant vous parce que j'ai intercédé auprès des maîtres du monde souterrain en votre faveur. Je vous prie donc, vous qui êtes mes concitoyens, de ne pas vous effrayer et de ne pas vous tourmenter à cause de cette apparition extraordinaire. Je vous supplie, afin que le salut de chacun d'entre vous soit assuré, de me rendre l'enfant qui est le mien, pour éviter qu'aucune violence ne soit commise, parce que vous auriez pris une décision différente, et pour éviter que cette violence ne marque le commencement de malheurs à cause de votre hostilité à mon égard. Cela m'est insupportable de vous regarder avec indifférence brûler mon enfant, à cause de l'émoi qui s'est emparé des devins que vous avez mandés. Je vous accorde mon pardon parce que, ayant vu une chose aussi extraordinaire, vous êtes dans l'embarras et ne savez comment agir correctement en la circonstance.

Si donc vous vous en remettez à moi avec confiance, vous serez délivrés de vos craintes présentes et des maux à venir ; si, en revanche, vous vous précipitez dans quelque autre décision, alors je crains que vous ne tombiez dans d'irrémédiables malheurs, pour ne m'avoir pas obéi. Pour moi donc, c'est avec la même bienveillance que lorsque j'étais vivant que, maintenant encore, en apparaissant devant vous d'une manière inattendue, je vous ai fait connaître ce qui est de votre intérêt. C'est pourquoi je vous demande de ne pas me faire attendre davantage, mais de me donner mon enfant, sans imprécation, après avoir droitement délibéré et vous être rangés à mes paroles. Il ne m'est pas possible, en effet, à cause des maîtres du monde souterrain, de passer plus de temps. »

Cela dit, il se tint pendant un petit moment en repos, attendant de voir quelle décision serait prise à l'égard de ses requêtes.

Le Livre des merveilles, II, 5-7

HOMÈRE
VIIIᵉ s. av. J.-C.

VIRGILE
Iᵉʳ s. av. J.-C.

CLAUDIEN
Vᵉ s. ap. J.-C.

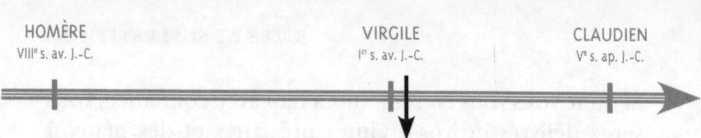

Ovide

À *Rome, aux jours néfastes des* Lemuria, *les 9, 11 et 13 mai, les dieux Forculus, gardien des portes, et Limentinus, préposé au seuil, secondés par Cardea, la déesse des gonds, sont impuissants à s'opposer à l'irruption des mauvais esprits. Le père de famille doit alors conjurer leur invasion par des rites précis.*

HALLOWEEN À L'ANCIENNE

Puis, lorsque l'étoile du soir aura levé à trois reprises son beau visage et qu'à trois reprises les étoiles auront disparu pour faire place à Phébus, se déroulera la cérémonie d'une antique liturgie, les nocturnes Lémuries : des sacrifices seront offerts aux mânes silencieux. L'année était alors plus courte ; on ne connaissait pas encore les rites purificatoires et toi, Janus à la double face, tu n'étais pas encore à la tête des mois. Cependant on portait déjà ses offrandes aux cendres des défunts et le petit-fils honorait la sépulture de l'aïeul. C'était le mois de mai, qui est appelé par le nom des ancêtres et qui, encore aujourd'hui, garde en partie la tradition antique. Quand minuit arrive et apporte au sommeil le silence, quand se sont tus les chiens ainsi que les oiseaux au plumage bariolé, alors l'homme fidèle à la liturgie ancienne, l'homme qui craint les dieux se lève ; ses deux pieds sont libres de tout lien. Il fait un signe en passant son pouce à travers ses doigts joints, pour éviter qu'une ombre légère ne se présente devant lui dans sa marche silencieuse. Quand il s'est purifié les mains avec de l'eau de source, il se tourne et prend d'abord des fèves noires. Il les jette en arrière et, en les jetant, il dit : « J'offre, moi, ces fèves ; je me rachète moi-même et les miens par ces fèves. » Il prononce neuf fois ces paroles sans se retourner : l'ombre est censée ramasser les fèves et suivre par-derrière sans que nul la voie. Il touche à nouveau l'eau et fait retentir le bronze de Témésa. Il somme l'ombre de quitter son toit. Quand il a dit neuf fois : « Sortez, mânes de mes pères ! », il se retourne et considère que la cérémonie est régulièrement accomplie.

Les Fastes, V, 419-444

HOMÈRE
VIIIᵉ s. av. J.-C.

VIRGILE
Iᵉʳ s. av. J.-C.

CLAUDIEN
Vᵉ s. ap. J.-C.

Zosime

À divinités souterraines, autel souterrain… Pour calmer les dieux infernaux, il suffit parfois d'exaucer leur souhait et de leur construire un autel ; pour faire connaître leurs volontés, Dis et Proserpine envoient aux humains un émissaire, qui a tout d'un spectre : il est grand, il est noir et il se volatilise dans l'air une fois sa mission accomplie. Les Romains comprendront le message et dédieront le Tarentum aux deux souverains du troisième royaume.

CALMER LE COUPLE INFERNAL

Cet autel et l'institution d'un sacrifice avaient été établis à l'origine pour la raison suivante : les Romains et les Albains étaient en guerre ; alors que les deux adversaires se trouvaient en armes, un homme à l'aspect monstrueux, couvert d'une peau noire, apparut et cria que Dis et Proserpine avaient ordonné qu'ils leur fassent un sacrifice souterrain avant d'en venir aux mains. Puis, ayant prononcé ces mots, il disparaît ; les Romains, troublés par cette apparition, construisirent alors l'autel en dessous du niveau du sol et, après avoir célébré le sacrifice, firent complètement disparaître l'autel sous un amas de terre de vingt pieds de profondeur, de telle sorte qu'il demeure ignoré de tout le monde, excepté des Romains ; après avoir découvert cet autel et y avoir célébré le sacrifice ainsi que les fêtes nocturnes, Valesius fut nommé Manius Valerius Tarantinus : les Romains nomment en effet les dieux souterrains « mânes », et le fait d'être en bonne santé *valere* ; Tarantinus enfin, en raison du sacrifice célébré à Tarente. Longtemps après, lorsque la peste s'abattit sur la ville durant la première année après les rois, Publius Valerius Poplicola, ayant sacrifié sur cet autel à Dis et à Proserpine un bœuf noir et une génisse noire, délivra la ville de la maladie et grava sur l'autel l'inscription suivante : « Moi, Publius Valerius Poplicola, j'ai consacré la plaine qui vomit du feu à Dis et à Proserpine et organisé des processions en l'honneur de Dis et de Proserpine pour la délivrance des Romains. »

Histoire nouvelle, II, 3

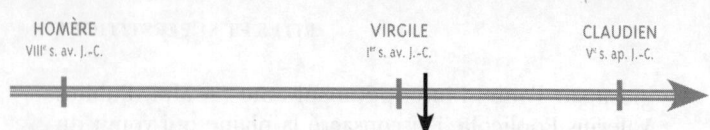

HOMÈRE
VIIIᵉ s. av. J.-C.

VIRGILE
Iᵉʳ s. av. J.-C.

CLAUDIEN
Vᵉ s. ap. J.-C.

Valérius Flaccus

Les Anciens, donnant une âme au remords, s'imaginaient que les esprits des morts venaient eux-mêmes hanter ceux des hommes qui leur avaient porté préjudice. Tels sont les habitants de l'île de Cyzique, que Jason et ses Argonautes ont massacrés par suite d'une tragique méprise. Le prêtre d'Apollon, Mopsus, pratique alors divers rites de purification pour délivrer les Argonautes de la menace que font peser sur eux les mânes de leurs victimes.

EXPIER SES CRIMES

De leur côté, les marins de l'Argo, dans tout l'apparat de leurs diverses armes, avançaient et menaient devant eux deux brebis de deux ans au front doré. Alors le prêtre délien dont le manteau jette au loin son éclat vient à leur rencontre et les appelle en brandissant son rameau ; puis, debout sur le tertre de terre fraîchement retournée, il fait passer les rangs des marins devant le laurier propitiatoire. Puis il les mène au fleuve, les invite d'abord à se déchausser et leur ordonne de ceindre leurs cheveux d'une couronne de feuillage verdoyant, puis de lever haut les bras vers le globe de Phœbus qui se lève et de se prosterner ensemble sur tout le terrain. Alors on immole des brebis noires comme poix, Mopsus et Idmon passent au milieu des Argonautes en portant chacun une partie des entrailles. Ils firent trois pas dans le silence, trois fois il touche leurs armes funestes en même temps que leurs vêtements et jette à la mer ce qui a servi à les purifier ; le reste est brûlé par le feu dévorant. Il dispose en outre rituellement des troncs de chênes émondés qui figurent les Argonautes et fixe sur eux des simulacres d'armes. Dans une prière, il demande que sur ces substituts soient détournés les menaces du Styx et le courroux de la sombre troupe, que sur eux s'abattent les tourments qui empêchent de dormir, et il lance dans une formule expiatoire cette invocation : « Allez, morts, soyez en repos, goûtez désormais votre séjour sur les bords du Styx ; tenez-vous à l'écart de nos rangs, tenez-vous à l'écart de la mer et soyez loin de tous les combats que nous livrons. Mon vœu est que jamais vous n'approchiez les pays grecs, ni ne fassiez entendre dans les carrefours vos plaintes stridentes, que ne s'abattent sur nos troupeaux et nos moissons absolument aucun fléau ni saison mortifère, que ni nos compatriotes ni nos descendants ne payent nos crimes ! » Après quoi sur les autels verdoyants, il déposa et offrit les ultimes offrandes qu'immédiatement vinrent saisir d'un coup rapide de leur langue de paisibles serpents, serviteurs des Ombres.

Argonautiques, III, 430-458

HOMÈRE
VIIIe s. av. J.-C.

VIRGILE
Ier s. av. J.-C.

CLAUDIEN
Ve s. ap. J.-C.

Anonyme

Si les païens priaient les morts, les chrétiens, eux, priaient pour les morts. Les païens considèrent en effet les morts comme des dieux ou, tout au moins, comme des demi-dieux ou des héros ; les chrétiens estiment que les morts se trouvent dans une situation précaire : ils ont besoin des prières que les survivants adressent à Dieu pour leur salut. En voici l'un des plus émouvants témoignages, qui est aussi l'une des toutes premières mentions du Purgatoire.

PURGATOIRE

Quelques jours plus tard, alors que nous étions tous en prière, soudain, en pleine prière, une voix me parvint et je lâchai le nom de Dinocrate. J'en fus stupéfaite parce que je n'avais jamais pensé à lui avant ce moment-là : avec douleur, je me remémorais son triste sort. Je compris immédiatement que j'étais digne de demander quelque chose pour lui et que je devais le faire. Je me mis à faire une longue prière pour lui et à me lamenter devant le Seigneur. Aussitôt, dans la nuit même, voici ce qui m'apparut : je vois Dinocrate sortir d'un lieu de ténèbres, où se trouvaient encore bien d'autres gens, tout brûlant et assoiffé, la figure sale et le teint livide ; il portait au visage la plaie qu'il avait à sa mort. Dinocrate était mon frère de sang ; il était mort prématurément de maladie à l'âge de sept ans, le visage rongé par le cancer et sa mort avait révolté tout le monde. J'avais donc prié pour lui, mais nous étions séparés par une si grande distance qu'aucun de nous ne pouvait s'approcher de l'autre. Il y avait aussi, à l'endroit où Dinocrate se trouvait, un bassin plein d'eau, avec une margelle trop haute pour la taille d'un enfant ; et Dinocrate se haussait sur la pointe des pieds, comme s'il voulait y boire. Moi, je me désolais parce qu'il y avait de l'eau dans ce bassin et que la hauteur de la margelle l'empêcherait pourtant d'y boire. Je me réveillai, et je compris que mon frère était dans la peine ; mais j'étais sûre de pouvoir soulager cette peine. Et je priais pour lui tous les jours, jusqu'au moment où l'on nous transféra dans la prison militaire, car nous devions combattre dans des jeux militaires : c'était alors l'anniversaire du César Geta. Et je priai pour lui jour et nuit, dans les larmes et les lamentations, pour me faire exaucer.

Le jour où l'on nous mit aux fers, voici ce qui m'apparut : je revois l'endroit que j'avais vu, et Dinocrate, le corps propre, bien vêtu, rafraîchi ; et là où il y avait la plaie, je vois une cicatrice ; et la margelle du bassin que j'avais vu s'était abaissée jusqu'au nombril de l'enfant et de l'eau en coulait sans cesse. Et sur la margelle il y avait une coupe d'or pleine d'eau. Dinocrate s'en approcha et se mit à boire à la coupe, et la coupe ne se vidait pas. Désaltéré, il s'approcha et se mit à jouer tout joyeusement avec l'eau, comme le font les enfants. Je me réveillai. Je sus alors qu'il avait eu remise de sa peine.

Passion de Perpétue et de Félicité, 7-8

MAGIE NOIRE

La magie noire constitue depuis la plus haute Antiquité le versant obscur de la magie, celui qui mobilise les forces occultes les plus maléfiques, le plus souvent – mais pas toujours – dans l'unique fin de détruire. La magie noire a eu très tôt ses spécialistes ; parmi eux, les magiciens et les sorcières, qui se sont surtout imposés dans l'opinion comme des agents du mal, et ont imposé la magie comme un art de malheur. Incarnation du mal et de la perversité, ces êtres concentrent en eux toutes les formes de déviances sociales et morales. Le cimetière est le théâtre coutumier de leurs activités nocturnes ; ils errent à travers les tombeaux et les sépulcres brisés, font sortir des tombes les âmes des morts, s'agitent autour des bûchers pour y dérober des reliques macabres encore tièdes, allant parfois jusqu'à mutiler des cadavres, dont ils arrachent avec leurs dents quelques débris. La mort est leur univers, pour le bonheur de quelques-uns et le plus grand malheur de tous les autres.

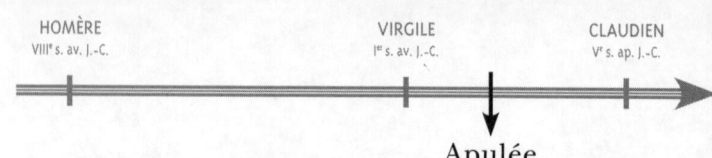

HOMÈRE
VIIIᵉ s. av. J.-C.

VIRGILE
Iᵉʳ s. av. J.-C.

CLAUDIEN
Vᵉ s. ap. J.-C.

Apulée

L'iconographie moderne représente souvent les sorcières assises devant un chaudron d'où s'échappent d'inquiétantes vapeurs, mais les philtres magiques étaient déjà composés d'ingrédients très spéciaux dans l'Antiquité. Les Anciens croyaient par exemple que les sorcières prélevaient sur les morts ce dont elles avaient besoin. À Rome, la loi réprimait d'ailleurs la profanation des tombeaux et l'atteinte aux restes humains. C'est tout le contraire dans la bonne ville de Larissa, où l'on ne punit pas les sorcières mais les gardiens défaillants.

VOYAGE AU PAYS DES CROQUE-MORTS

J'étais gosse, pas majeur, venu de Milet voir les Jeux olympiques, j'avais fait toute la Thessalie, c'était la province à la mode, il ne me restait qu'un coin à visiter, des oiseaux de malheur m'amenèrent à Larissa. Ma pension paternelle complètement à zéro, je battais les carrefours en quête de carbure, je tombe sur un vieil escogriffe en plein forum. Il était grimpé sur une borne et gueulait à pleine voix qu'il recrutait une sentinelle pour veiller un mort, prix à débattre. Moi je dis à un qui passait : « Qu'est-ce que j'apprends donc ? Les morts ont l'habitude de se sauver dans ce pays-là ? – Tais-toi, il me répond, tu es un môme, tu n'es pas d'ici, tu ne te rends donc pas compte que tu as fait étape en Thessalie, le pays où les sorcières croquent la figure des morts et utilisent les morceaux pour assaisonner leurs recettes de magie ? » Moi je lui dis : « Toi, s'il te plaît, explique-moi ce que doit faire la sentinelle du mort ? – Déjà, et d'une, il me répond, il faut rester toute la nuit les yeux écarquillés, toujours ouverts et braqués sur le cadavre, sans jamais le perdre de vue, ni même regarder par côté, pourquoi ? parce que ces épouvantables femmes loups-garous prennent la figure de n'importe quelle bête et rampent si sournoisement que même les yeux du Soleil et de la Justice s'y trompent, vu qu'elles peuvent se déguiser aussi bien en oiseaux ou en chiens ou en rats ou en mouches, et alors elles prononcent une formule infernale et le gardien s'écroule endormi. Personne n'a jamais pu venir à bout des trucs que ces salopes inventent pour assouvir leurs perversions. Et malgré ça, pour cette mission perdue d'avance, on ne te propose pas plus de quatre à six cents sesterces, sans compter, et de deux, j'allais l'oublier, que, si le lendemain matin tu n'as pas rendu le corps intact, tout ce qui en aura été ôté ou abîmé, il faudra le raccommoder avec un morceau découpé dans ta figure. »

Les Métamorphoses ou l'Âne d'or, II, 21, 3-22

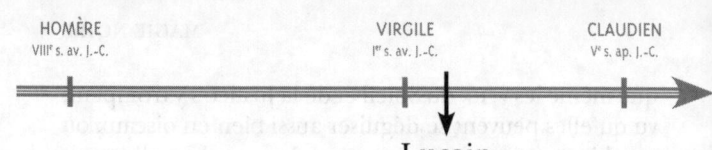

HOMÈRE
VIIIe s. av. J.-C.

VIRGILE
Ier s. av. J.-C.

CLAUDIEN
Ve s. ap. J.-C.

Lucain

Pour se livrer à ses pratiques occultes, la terrible sorcière thessalienne Érichtho n'hésite pas à se comporter en charognard, prélevant sur les cadavres tous les ingrédients indispensables à ses infâmes recettes, ou pis encore…

MORCEAUX DE CHOIX

Elle a enfoui dans la tombe des âmes vivantes et qui dirigeaient encore leurs membres ; et quand le destin leur doit encore des années, la mort est contrainte de les saisir. Érichtho a ramené de leurs tertres des défunts par un convoi inverse et des cadavres ont fui leur couche. Elle enlève du milieu des bûchers les restes fumants des jeunes gens et leurs ossements brûlants, la torche même que tenaient les parents et les morceaux du lit sépulcral, d'où volait une noire fumée ; elle recueille les vêtements qui tombent en poussière et les cendres qui conservent l'odeur des membres. Mais, quand les corps sont gardés sous des pierres où s'absorbe le liquide intérieur, et durcissent, vides d'une moelle corrompue, alors elle s'acharne avidement sur tous les membres, plonge ses mains dans les yeux, se plaît à crever des globes glacés et ronge les pâles excroissances de la main desséchée. Elle brise de ses dents les lacs et les nœuds mortels, dépèce les pendus et racle les croix, arrache les viscères battus par les pluies et les moelles cuites par les rayons solaires. Elle enlève l'acier enfoncé dans les mains, le pus noir dégouttant des membres et l'humeur amassée et, quand le nerf retient les dents, elle y reste pendue. Auprès de tout cadavre qui gît sur la terre nue elle est assise avant les bêtes et les oiseaux, et elle ne veut pas dépecer les membres par le fer ni de ses mains, mais elle attend la morsure des loups pour arracher ses articulations à leur gosier desséché. Ses mains ne s'abstiennent pas d'un meurtre s'il faut du sang vif, le premier qui sorte de la gorge, et si les repas funèbres réclament des entrailles palpitantes. Ainsi par la blessure du ventre et non par où la Nature l'appelait, elle arrache le fruit maternel pour le placer sur des autels fumants et, toutes les fois qu'il est besoin d'ombres sauvages et énergiques, elle-même fait des mânes : toute mort d'homme est utilisée. Elle arrache à un jeune corps le duvet naissant de sa joue, elle scalpe de la main gauche sa chevelure à l'éphèbe mourant. Souvent même, dans les funérailles d'un parent, la sinistre Thessalienne s'est couchée sur des membres chéris ; appliquant un baiser, elle a mutilé la tête et desserré la bouche entre ses dents ; mordant la langue collée à la gorge sèche, elle fait passer un murmure entre ses lèvres glacées et confie quelque secret sacrilège pour les ombres stygiennes.

La Guerre civile (La Pharsale), VI, 529-569

HOMÈRE
VIIIe s. av. J.-C.

VIRGILE
Ier s. av. J.-C.

CLAUDIEN
Ve s. ap. J.-C.

Pline l'Ancien

Les porte-bonheur sont toujours nombreux, du fer à cheval à la patte de lapin, en passant par le muguet, l'edelweiss ou le trèfle à quatre feuilles. Aujourd'hui encore, de nombreuses superstitions restent attachées à la corde du pendu ; les Romains les connaissaient aussi et faisaient encore mieux : ils utilisaient même le crâne du pendu !

LA CORDE DU PENDU

Les épileptiques vont jusqu'à boire, comme à des coupes vivantes, le sang des gladiateurs, action qu'on ne peut, sans horreur, voir accomplir par les fauves dans cette même arène. Mais eux, ma foi, estiment très efficace d'absorber sur l'homme et sur les lèvres de la plaie son sang chaud et fumant, et son âme elle-même vivante aussi, alors qu'on regarderait comme un trait de mœurs inhumain d'approcher la bouche des plaies même d'une bête sauvage. D'autres recherchent la moelle des os des jambes et la cervelle des enfants. Nombre d'auteurs, chez les Grecs, ont décrit aussi la saveur de chacun des viscères et des membres ; ils ont tout passé en revue, jusqu'aux rognures des ongles, comme si ce pouvait être recouvrer la santé que de se transformer d'homme en bête féroce et de se rendre digne de la maladie par le remède même ; belle duperie, en vérité, si le remède échoue. [...] Il subsiste des traités de Démocrite, où il est dit que, pour certaines maladies, les os de la tête d'un malfaiteur sont plus utiles et, pour d'autres, ceux de la tête d'un ami ou d'un hôte ; contre le mal de dents, Apollonios a écrit qu'il est très efficace de scarifier les gencives avec une dent d'un homme qui a péri de mort violente ; Mélétos, que le fiel de l'homme guérit de la cataracte ; Artémon faisait boire aux épileptiques de l'eau puisée la nuit à une fontaine, dans le crâne d'un homme tué et non incinéré. Du crâne aussi, mais de celui d'un pendu, Antaeus a fait des pilules contre les morsures des chiens enragés. On est même allé jusqu'à utiliser le corps humain pour la guérison du bétail : contre la tympanite des bœufs, on a perforé leurs cornes pour y insérer des os humains ; dans certaines maladies des porcs, on leur a donné du froment ayant passé la nuit dans un endroit où un homme avait été tué ou brûlé.

Histoire naturelle, XXVIII, 2, 4-8

HOMÈRE
VIIIᵉ s. av. J.-C.

VIRGILE
Iᵉ s. av. J.-C.

CLAUDIEN
Vᵉ s. ap. J.-C.

Théophraste

« La superstition semble n'être autre chose qu'une crainte mal réglée de la Divinité », déclare *La Bruyère dans ses* Caractères, *inspirés de l'œuvre de Théophraste, mais les Grecs lui donnent plus exactement le nom de* deisideimonia, *littéralement « la crainte des démons ». Voici à quels débordements elle peut conduire.*

LE SUPERSTITIEUX

Il est homme à faire sans cesse purifier sa maison, prétendant qu'elle est hantée par Hécate. S'il a entendu sur son chemin le cri d'une chouette, il s'émeut et ne poursuit sa marche qu'après avoir prononcé la formule : « Athéna est plus forte ! » Il évite de marcher sur une tombe, d'approcher d'un mort ou d'une femme en couches : « Il tient beaucoup, dit-il, à ne pas se charger d'une souillure. » Tous les quatrième et vingt-quatrième jours du mois, après avoir donné ordre à ses gens de préparer du vin chaud, il sort pour acheter des branches de myrte, de l'encens, des gâteaux sacrés, puis, une fois rentré chez lui, passe tout le jour à couronner les images d'Hermaphrodite. Lorsqu'il a fait un rêve, il se rend chez les interprètes des songes, chez les devins, chez les augures, pour apprendre d'eux quel dieu ou quelle déesse il doit invoquer. Chaque mois, pour renouveler son initiation, il va trouver les prêtres orphiques, en compagnie de sa femme (ou, si elle n'est pas libre, de la nourrice) et de ses enfants. Il est de ces gens qu'on voit, sur les bords de la mer, se livrer minutieusement à des ablutions. Aperçoit-il quelqu'un de ces hommes porteurs d'une couronne d'ail qu'on rencontre dans les carrefours, il rentre chez lui, s'inonde de la tête aux pieds, fait venir les prêtresses et leur demande de le purifier avec un oignon marin ou avec le cadavre d'un jeune chien, portés en cercle autour de lui. À la vue d'un aliéné ou d'un épileptique, il est pris de frisson et crache dans le pli de son vêtement.

Caractères, 16

HOMÈRE
VIIIᵉ s. av. J.-C.

VIRGILE
Iᵉʳ s. av. J.-C.

CLAUDIEN
Vᵉ s. ap. J.-C.

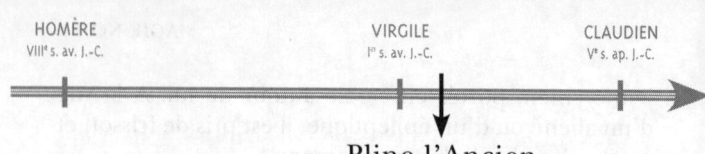

Pline l'Ancien

Les recettes que les Anciens ont léguées à leurs enfants pour se protéger du démon sont fort nombreuses et leur histoire se perd dans la nuit des temps. En voici quelques-unes.

KIT ANTI-DÉMON

À BASE DE PIVOINE

L'herbe la plus anciennement découverte est la pivoine, qui garde le nom de son inventeur. [...] Elle croît à l'ombre sur les montagnes ; la tige a quatre doigts d'intervalle entre les feuilles et porte à son sommet comme quatre ou cinq amandes qui renferment beaucoup de graines rouges et noires. Cette plante préserve aussi des taquineries des faunes pendant le sommeil. On prescrit de l'arracher de nuit parce que, si le pivert s'en aperçoit, il attaque les yeux pour la défendre.

À BASE DE NATRIX

On appelle natrix une plante dont la racine pue le bouc quand on la déterre. On l'emploie dans le Picénum pour éloigner des femmes les démons que, par une étrange crédulité, on appelle Fatui ; pour ma part, je croirais plutôt à des visions d'esprits hallucinés chez celles que soulage un tel remède.

À BASE D'HYÈNE

On raconte qu'une des grandes dents de l'hyène portée attachée par un fil préserve des terreurs nocturnes et de la peur des ombres. On prescrit de soumettre les délirants à des fumigations faites avec cette dent et de la leur attacher sur la poitrine avec de la graisse des rognons ou avec du foie ou de la peau d'hyène.

À BASE DE DRAGON

Les mages enseignent en outre que les délirants retrouvent la raison quand on les asperge de sang de taupe, et que ceux que tourmentent les divinités nocturnes et les faunes sont délivrés de leurs cauchemars par des frictions pratiquées matin et soir avec la langue, les yeux, le fiel et les entrailles du serpent dragon, bouillis dans du vin et de l'huile, puis refroidis en plein air, pendant la nuit.

Histoire naturelle, XXV, 29 ; XXVII, 83, 107 ;
XXVIII, 98 ; XXX, 24, 84

HOMÈRE
VIIIᵉ s. av. J.-C.

VIRGILE
Iᵉʳ s. av. J.-C.

CLAUDIEN
Vᵉ s. ap. J.-C.

Anonyme

La pratique de l'envoûtement est très répandue dans l'ensemble du bassin méditerranéen, et l'on a retrouvé dans les tombeaux des milliers de tablettes magiques, appelées tablettes de défixion. Certaines de ces tablettes appellent à la haine, d'autres à l'amour : ce sont les défixions érotiques. Dans les deux cas, elles mobilisent toutes les puissances des ténèbres.

L'AMOUR À MORT

Je vous confie, à vous dieux souterrains et déesses souterraines, Pluton Uesmigadoth Anoubis et Korè Éroschigal et Adonaï appelé aussi Barbaritha et Hermès souterrain, Thoth et Anoubis, puissant Psériphtha, qui tiens les clés de l'Hadès, et à vous, esprits souterrains, garçons et filles morts prématurément, jeunes hommes et jeunes filles, année après année, mois après mois, jour après jour, nuit après nuit, heure après heure. J'adjure tous les esprits qui sont en ce lieu : assistez cet esprit qui est ici. Éveille-toi pour moi, esprit du mort, qui que tu sois, homme ou femme, et rends-toi en chaque lieu, en chaque quartier, en chaque maison, et lie Hérônous, qu'a enfantée Ptolémaïs, pour moi, Posidônios, qu'a enfanté Thsénoubasthis, afin qu'elle ne connaisse ni coït vaginal, ni coït anal, ni cunnilingus, ni ne prenne aucun plaisir avec un autre homme que moi seul, Posidônios, en sorte que Hérônous ne puisse ni manger, ni boire, ni aimer, ni résister, ni rester calme, ni trouver le sommeil loin de moi, Posidônios. Par celui dont, en entendant son nom la terre s'ouvre, en entendant son nom les esprits tremblent d'effroi, les fleuves et les mers en entendant son nom tremblent d'effroi, les pierres en entendant son nom éclatent, je t'adjure, esprit du mort, qui que tu sois, homme ou femme, par BARBARAMCHELOUMBRA, BAROUCHAMBRA ADONAIOS et par ABRATHABRASAX SESENGEN-BARPHARAGES et par IAÔIÔA PAKEPTOTH PAKEBRAOTH SABARBARIAÔTH MAREI le célèbre et par MAMARAIÔTH et par MARMARAÔTH MARMA-RACHTA AMARZA MARCIBAIÔTH. Ne me désobéis pas, esprit du mort, qui que tu sois, et rends-toi en chaque lieu, en chaque quartier, en chaque maison, et amène-moi Hérônous, qu'a enfantée Ptolémaïs, et empêche-la de manger et de boire. Ne laisse pas Hérônous connaître un autre homme que moi seul, Posidônios, qu'a enfanté Thsénoubasthis, et traîne Hérônous par les cheveux et par les entrailles, vers moi, Posidônios, à toute heure de l'année, de nuit ou de jour, jusqu'à ce qu'Hérônous vienne à moi, Posidônios, et fais en sorte qu'elle ne me quitte plus jusqu'à la mort et que je la possède, elle, Hérônous, qu'a enfantée Ptolémaïs, et qu'elle me soit soumise à moi, Posidônios, qu'a enfanté Thsénoubasthis, pour toute la durée de ma vie, maintenant, vite, vite. Si tu accomplis cela pour moi, je te libérerai.

Tablette magique d'Haouârah

HOMÈRE
VIIIᵉ s. av. J.-C.

VIRGILE
Iᵉʳ s. av. J.-C.

CLAUDIEN
Vᵉ s. ap. J.-C.

Macrobe

La devotio, *ou « dévouement », est dans la civilisation romaine un pacte d'une nature particulière, passé avec les divinités souterraines, qui sont invitées à s'emparer elles-mêmes de ce que l'auteur du vœu a le désir, mais non le pouvoir, ou le droit, de leur donner. Les dictateurs et les généraux étaient les seuls habilités à en user ; ils l'ont souvent employée comme une arme paranormale tournée contre des ennemis qu'ils désespéraient de vaincre autrement – et toujours, paraît-il, avec succès. En voici la formule magique.*

PACTE AVEC LE DIABLE

Quant aux villes et aux armées, voici la formule par laquelle on procède à la *devotio*, une fois que les dieux ont accepté l'*evocatio*, mais seuls les dictateurs et les généraux en chef peuvent employer cette formule :

« Vénérable Dis, Vediovis, dieux mânes, quel que soit le nom qu'il est permis de vous donner, répandez la fuite, la panique et la terreur sur tous les ennemis, cette ville de Carthage et l'armée dont je veux parler, et ceux qui, contre nos légions et notre armée, porteront armes et traits ; cette armée, ces ennemis et ces hommes, leurs villes et leurs champs, ainsi que ceux qui habitent dans ces lieux, ces régions, ces champs, ces villes, emportez-les et privez-les de la lumière du ciel ; l'armée des ennemis, les villes et les champs de ceux dont je veux parler, ces villes et ces champs et les personnes de tout âge dont je veux parler, prenez-en possession comme étant dévoués et consacrés à vous conformément aux règles selon lesquelles précisément un jour les ennemis de Rome ont été dévoués. Ces ennemis, en lieu et place de ma personne, de ma loyauté et de ma magistrature, en lieu et place du peuple romain, de nos armées et de nos légions, je les offre et je les dévoue, afin que vous mainteniez sains et saufs ma personne, ma loyauté et mon pouvoir, nos légions et notre armée, qui sont engagées dans l'accomplissement de ces opérations. Si vous faites en sorte que je sache, réalise et comprenne ces choses, alors, quelle que soit la personne qui fera ce vœu, où qu'elle le fasse, que l'accomplissement soit conforme avec trois brebis noires. Je vous prends à témoin, toi, Tellus mère, et toi, Jupiter. » En nommant Tellus, il touche la terre de ses mains ; en nommant Jupiter, il lève les mains au ciel ; en disant assumer le vœu, il touche sa poitrine de ses mains.

Les Saturnales, III, 9-12

IX

POSSESSION

LES POSSÉDÉS

Les morts étaient des entités impures et potentiellement dangereuses, dont il fallait se concilier les bonnes grâces, sous peine de sanglantes représailles. Les « larves » avaient par exemple le pouvoir de pénétrer le corps et l'esprit, et d'acculer leur victime à la folie. Les Romains disaient alors de l'aliéné qu'il était *larvatus*, « possédé par une larve », autrement dit par un « mal mort ». Les Grecs prenaient aussi grand soin d'éviter les fous, dont le contact leur semblait dangereux, parce qu'ils les croyaient possédés par une force invisible. Ils leur lançaient des pierres pour qu'ils gardent leurs distances ou prenaient au moins la simple précaution de cracher pour éloigner les mauvais esprits. On tenait aussi les défunts pour responsables de l'apoplexie, de l'épilepsie, de l'hystérie, de l'impuissance masculine ou de la stérilité féminine. La peste, enfin, et les épidémies en tous genres étaient généralement considérées comme l'œuvre des démons ou des morts malfaisants.

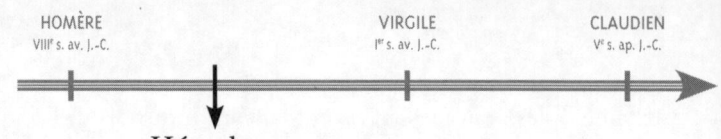

Hérodote

Partout, dans le monde, les peuples primitifs partagent la croyance que les maladies mentales sont causées par une intervention surnaturelle. Elle se traduit chez le roi Cléomène par des automutilations, l'un des symptômes bien connus de la possession.

LE ROI MUTILÉ

Quand les Spartiates apprirent ce que tramait Cléomène, ils furent effrayés ; ils le rappelèrent à Sparte pour y avoir la même autorité qu'auparavant. Mais, aussitôt après son retour, il fut pris, lui qui avait déjà l'esprit quelque peu dérangé, d'une maladie furieuse ; à tous les Spartiates qu'il rencontrait, il assénait son bâton sur la figure. Ses proches, qui le voyaient agir de la sorte et déraisonner, le firent attacher dans des entraves de bois. Ainsi attaché, un jour qu'il vit l'homme qui le gardait isolé de ses compagnons, il lui demanda un couteau ; l'homme de garde refusa d'abord de le donner ; Cléomène le menaça alors du traitement qu'il lui ferait subir quand il serait détaché ; tant et si bien que le garde, effrayé de ces menaces (car c'était un hilote), lui donna un couteau. En possession de cette arme, Cléomène se mit à se déchirer, en commençant par les jambes ; taillandant les chairs en lanières, il passa des jambes aux cuisses, des cuisses aux hanches et aux flancs, et continua jusqu'au ventre, qu'il découpa de même ; et il périt de la sorte ; à ce que disent la plupart des Grecs, ce fut parce qu'il avait persuadé la Pythie de dire ce qu'elle avait dit au sujet de Démarate ; d'après les Athéniens, seuls, parce que, ayant fait invasion à Éleusis, il avait coupé les arbres dans l'enceinte consacrée aux déesses ; au dire des Argiens, parce que, après avoir fait sortir d'un sanctuaire de leur héros Argos

218

ceux des leurs qui s'y étaient réfugiés à la suite de la bataille, il les avait massacrés, et, dans un transport de démence, avait incendié le bois sacré lui-même.

Histoires, VI, 75

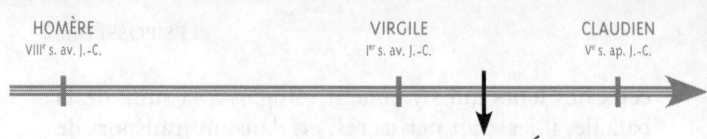

HOMÈRE
VIIIᵉ s. av. J.-C.

VIRGILE
Iᵉʳ s. av. J.-C.

CLAUDIEN
Vᵉ s. ap. J.-C.

Xénophon d'Éphèse

*Une syncope brutale, d'atroces convulsions, la bouche écu-
mante… Il n'en fallait pas plus aux Anciens pour attribuer la
crise d'épilepsie à l'attaque d'un démon. Cette conception populaire de la maladie prévaudra longtemps, chez les païens comme
chez les chrétiens ; elle permet ici à la belle et pure Anthia, qui a
été vendue à un marchand de filles, de se tirer d'un bien mauvais pas.*

UN BIEN GRAND MAL

Mais elle, dans cette extrémité, trouve un moyen
d'échapper à ce qui l'attend. Elle se laisse tomber, comme
si tout ressort se brisait en elle, et feint d'être en proie à
ce qu'on appelle le « mal divin » ; chez les hommes qui la
convoitaient, le désir fait place à la crainte et à la pitié : ils
s'efforcent de lui porter secours. Le trafiquant de filles,
voyant quelle disgrâce est la sienne et persuadé que la
jeune femme est vraiment malade, la transporte chez
lui, l'étend sur un lit et l'entoure de soins ; lorsqu'elle
paraît revenue à elle, il l'interroge sur l'origine de son
mal. Anthia lui répond : « Depuis longtemps, maître, je
voulais te faire connaître mon malheur et te raconter ce
qui m'était arrivé ; mais la honte m'arrêtait : aujourd'hui
je n'ai plus de peine à te le dire puisque tu as tout vu de
tes yeux. J'étais encore enfant lorsque, dans une veillée
de fête, m'étant égarée loin des miens, j'arrivai devant
le tombeau d'un homme qui était mort récemment. Là,
je vois un spectre qui s'élance du sépulcre et tente de
me saisir : je pousse des cris et cherche à fuir : c'était un
être effrayant à voir, mais sa voix surtout était terrifiante.
Enfin le jour paraît : il me lâche, mais il me porte un
coup dans la poitrine et m'annonce qu'il m'a frappée du
mal dont tu m'as vue saisie. Telle est l'origine de ce mal
qui me possède et dont les accès prennent des formes

différentes. Mais je t'en supplie, ô mon maître, ne sois pas fâché contre moi, car en tout cela ma volonté ne fut pour rien. Et tu peux encore me vendre et ne rien perdre de l'argent que tu as donné de moi. » Elle dit, et le trafiquant est fort marri de l'aventure ; mais il ne tient pas rigueur à la jeune femme, bien innocente dans son malheur.

Les Éphésiaques
ou *Le Roman d'Habrocomès et d'Anthia*, V, 7, 4-9

HOMÈRE
VIIIe s. av. J.-C.

VIRGILE
Ier s. av. J.-C.

CLAUDIEN
Ve s. ap. J.-C.

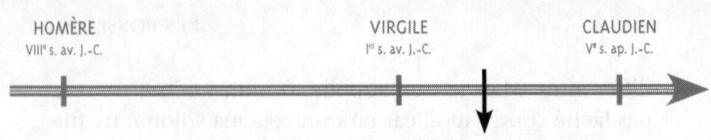

Philostrate

Les esprits des morts savent aussi, quand ils le veulent, jouer des cordes vocales d'un être vivant comme d'un vulgaire instrument. Le sujet peut alors s'exprimer dans une langue inconnue ou avec une autre voix : celle de l'esprit qui le possède. On la reconnaît à ses accents rauques et gutturaux, sans rapport avec le sexe ou l'âge du sujet possédé. Dans les deux cas, la victime de ce genre de possession n'a pas conscience de ce qu'elle dit.

LA VOIX DU DÉMON

Ces propos furent interrompus par l'arrivée du messager ; il amenait des Indiens qui avaient besoin du secours des Sages. Il leur présenta une femme en lamentations pour son fils ; elle raconta qu'il avait seize ans et que, depuis deux ans, il était possédé par un démon, un démon moqueur et menteur. L'un des Sages lui demanda ce qui le lui faisait croire ; elle répondit : « C'est un très bel enfant, vous le voyez, eh bien ! un démon en est amoureux et il ne lui permet pas de garder toute sa raison ; il l'empêche d'aller à l'école, d'apprendre à tirer à l'arc, et même de rester à la maison, et il l'entraîne dans des lieux déserts. Il n'a même plus sa propre voix, mais il fait entendre des sons rauques et caverneux, comme un homme adulte, et les yeux avec lesquels il regarde ne sont pas ses yeux. Tout cela me désole, je m'arrache les cheveux, et je cherche à ramener mon enfant, c'est tout naturel, mais il ne me reconnaît pas. Quand j'ai eu l'intention de venir ici – car cela fait déjà un an que j'en ai l'intention –, le démon s'est révélé à moi par la bouche de mon enfant et il m'a dit qu'il était le fantôme d'un homme autrefois mort à la guerre, qu'à sa mort il était éperdument amoureux de sa femme, mais qu'elle avait fait offense à leur lit de noces en épousant un autre homme trois jours après son décès. Il est devenu misogyne et il a élu domicile dans cet enfant. Il a promis, si je ne vous le dénonçais pas, de le combler de dons. Voilà pourquoi j'ai supporté la chose, mais voici déjà bien longtemps qu'il me promène et qu'il est le seul maître de ma maison, où il ne médite rien de bon ni d'honnête. »

Vie d'Apollonios de Tyane, III, 38

HOMÈRE
VIIIᵉ s. av. J.-C.

VIRGILE
Iᵉ s. av. J.-C.

CLAUDIEN
Vᵉ s. ap. J.-C.

Firmilianus (dans Cyprien)

Parmi les symptômes permettant de porter le diagnostic de possession, on compte le « don » de prescience ou encore l'anesthésie affectant des points du corps. Dans ce cas, la crise de possession ne se distingue guère d'une crise d'hystérie, et cette prophétesse de Cappadoce qui a des extases, qui prévoit les séismes et marche pieds nus dans la neige aurait sûrement intéressé Freud et Charcot.

L'HYSTÉRIQUE DE CAPPADOCE

Tout à coup une femme parut, qui avait des extases et se donnait comme prophétesse, agissant comme sous l'inspiration du Saint-Esprit. Si puissante sur elle était l'action des principaux démons que longtemps elle troubla et dupa nos frères, faisant des choses étonnantes et merveilleuses ; elle promettait même de faire trembler la terre. Non que le démon ait le pouvoir de faire trembler la terre, ou de bouleverser les éléments, mais ce malin esprit, prévoyant qu'un tremblement de terre allait avoir lieu, feignait qu'il allait faire ce qu'il prévoyait devoir arriver. Par ces mensonges, et ces vanteries, il s'était rendu maître des esprits de certaines personnes, qui lui obéissaient et le suivaient où qu'il les voulût conduire. Grâce à lui, au milieu des rigueurs d'un rude hiver, cette femme s'en allait nu-pieds dans la neige sans en souffrir ni se ressentir de ces courses. Il disait aussi qu'il allait retourner en Judée et à Jérusalem, et feignait d'en être venu. Il réussit à séduire un prêtre du pays, et un diacre, à les pousser à avoir de coupables relations avec la prophétesse. C'est ce que l'on découvrit peu après. Car soudain se dressa devant lui un exorciste, homme de vertu éprouvée, et d'une vie sans défaillance du point de vue de la discipline religieuse. Encouragé par les exhortations de plusieurs frères vaillants eux-mêmes et d'une foi digne d'éloges, il se leva contre cet esprit malin, pour le confondre. Celui-ci d'ailleurs, par un artifice fort adroit, avait prédit l'événement un peu auparavant, et dit que quelqu'un viendrait qui lui serait contraire et l'éprouverait, un infidèle. Malgré cela l'exorciste, aidé de la grâce de Dieu, lutta courageusement et montra que l'esprit qui passait pour saint était un esprit très mauvais.

Lettres, LXXV, 10, 2-4

HOMÈRE
VIIIᵉ s. av. J.-C.

VIRGILE
Iᵉʳ s. av. J.-C.

CLAUDIEN
Vᵉ s. ap. J.-C.

Saint Jérôme

Paule, abandonnant à Rome parents et enfants, embarque pour Jérusalem afin de se consacrer au service du Seigneur. Elle profite de ses diverses escales pour faire la charité et visiter les lieux saints. À Sébaste, le spectacle qui s'offre à elle n'est guère réjouissant : c'est celui de possédés en pleine crise, rugissant comme des bêtes et se contorsionnant dans tous les sens.

PAULE ET LES POSSÉDÉS DE SÉBASTE

Partant de là, elle visita les tombeaux des douze patriarches, puis Sébaste (c'est-à-dire : Samarie), qui, en l'honneur d'Auguste, fut ainsi nommée par Hérode – Sébaste est l'équivalent, en langue grecque, du mot Auguste. Là se trouvent les prophètes Élisée et Abdias, ainsi que Jean-Baptiste (nul ne fut plus grand que lui, de ceux qui sont nés des femmes) ; elle y fut effrayée par un grand nombre de faits étonnants. En effet, elle voyait les démons rugir sous l'empire de divers tourments, et devant les tombeaux des saints, des hommes hurler comme des loups, aboyer comme des chiens, gronder comme des lions, siffler comme des serpents, mugir comme des taureaux, les uns, la tête retournée, toucher derrière leur dos la terre du sommet de leur crâne, des femmes pendues par les pieds sans que leur robe glisse de leur visage. Elle les prenait tous en pitié et, répandant des larmes, elle implorait pour chacun d'eux la clémence du Christ.

Lettres, CVIII, 13

HOMÈRE
VIIIe s. av. J.-C.

VIRGILE
Ier s. av. J.-C.

CLAUDIEN
Ve s. ap. J.-C.

Venance Fortunat

Venance Fortunat, comme presque tous les hagiographes, remplit son récit de toutes sortes de miracles pour égaler son héros aux prophètes, aux apôtres, voire au Christ lui-même : saint Martin arrête la grêle, éteint les incendies, guérit les malades, chasse les démons, libère les prisonniers, ressuscite les morts. À côté de ces prodiges « classiques », il s'en trouve aussi quelques autres, plus originaux, comme ce miracle sur une vache.

VACHE FOLLE

Un autre jour que le bienheureux revenait de la cité de Trêves, il trouva soudain devant lui au milieu d'un champ une vache folle qu'un démon, penché sur son échine, tourmentait à lui faire perdre haleine. Chevauchant sa monture, l'écuyer cinglait l'air de son fouet, cocher malfaisant, dans une course d'un nouveau genre, d'une vache devenue apparemment cheval de poste, cavalier poussant une bête à cornes, triste muletier, bouvier posté sur le dos de la bête qu'il harcelait dans le vide. Quand il eut de mille façons excité la rage de l'animal, la vache en délire, conduite par ce forcené, galopait en tous sens écrasée sous le poids de son tourmenteur, dans les fondrières, dans les endroits inaccessibles. Elle arriva juste devant le saint, les cornes menaçantes, mais celui-ci éleva la main pour lui ordonner de s'arrêter. Elle resta figée sur ses pas, déjà moins mauvaise. De près, le saint aperçut alors le démon menaçant et dit : « Passe ton chemin, forcené, fuis, sauvage, va-t'en, malin, arrière, bête sanguinaire, cesse, être nocif, de tourmenter un animal inoffensif. » Alors la brute sauvage libère l'échine de l'animal, et la vache tout à fait apaisée retrouve son comportement habituel. Elle s'incline aux pieds du saint en une attitude de déférente adoration, elle fléchit même la patte, et, bien qu'elle soit dépourvue d'intelligence, elle

227

comprend, en dépit de sa nature, le pouvoir de Martin et elle lui rend hommage, sans connaître la grandeur de ses vertus. Puis elle s'incline d'autant plus bas que son encolure est libérée. Auparavant captive, elle se cabrait ; débarrassée du fléau, elle baisse la tête. Elle se dressait en meuglant de colère ; désormais libre de toute entrave, elle tombe soumise et, à défaut de pouvoir parler, elle applaudit en balançant la patte de devant. Alors le saint évêque ordonne à la vache de partir ; délivrée par la parole du pasteur, elle rejoint sur-le-champ le troupeau.

Vie de saint Martin, III, 296-323

HOMÈRE
VIIIe s. av. J.-C.

VIRGILE
Ier s. av. J.-C.

CLAUDIEN
Ve s. ap. J.-C.

Lucien

Qui ne connaît la statue du Commandeur immortalisée en 1665 dans le Dom Juan *de Molière ? De fait, la croyance est ancienne, selon laquelle une statue figurant un dieu ou un héros peut un instant s'animer, le temps de venger des injures bien souvent. C'est que les statues antiques sont plus que de simples simulacres : habitées par la divinité, elles sont l'un de ses doubles, un peu comme ces statuettes qui, dans les tombes égyptiennes, sont les supports du* Kâ. *En voici un exemple bien connu.*

LA STATUE DU COMMANDEUR

« Mais si tu as remarqué, au bord de l'eau courante, un personnage au ventre proéminent, chauve, à demi nu sous son manteau, quelques rares poils de barbe flottant au vent, les veines saillantes, l'image même d'un homme véritable, c'est la statue en question. Il paraît que c'est le général corinthien Pellichos. [...] Dès que la nuit vient, elle descend de son piédestal et va se promener autour de la demeure. Nous la rencontrons tous : parfois même elle chante. Elle ne fait de mal à personne : il faut seulement s'écarter, et elle passe sans ennuyer ceux qui la voient. Ce n'est pas tout : souvent elle prend des bains et s'amuse toute la nuit, au point qu'on entend les éclaboussures.

– Prends garde, dis-je. Cette statue n'est peut-être pas Pellichos, mais le Crétois Talos, un fils de Minos. Il était en bronze, lui aussi, et faisait des rondes en Crète. Et d'ailleurs, Eucratès, si cette statue au lieu d'être en bronze était en bois, rien n'empêcherait qu'elle soit, non une œuvre de Démétrios, mais une invention de Dédale : en tout cas, lui aussi s'enfuit de son emplacement, comme tu le racontes.

– Prends garde, Tychiadès, dit-il, tu risques de regretter plus tard ta plaisanterie. Je sais ce qui est arrivé à celui qui avait volé les oboles que nous déposons devant elle à chaque nouvelle lune.

– Cela doit avoir été épouvantable puisque c'était un sacrilège, dit Ion. Comment donc Pellichos s'est-il vengé de lui, Eucratès ? Je veux l'apprendre même si Tychiadès ici présent refuse absolument d'y croire.

– De nombreuses oboles étaient déposées à ses pieds, dit Eucratès, et même quelques pièces d'argent, collées à la cire sur sa cuisse, ainsi que des feuilles en argent, offertes en prière ou en action de grâces pour une guérison par tous ceux qui avaient été délivrés grâce à lui de la fièvre qui les tenait. Or nous avions un abominable serviteur lybien, un palefrenier. Il décida de voler toutes ces offrandes pendant la nuit et il s'en empara après avoir guetté le moment où la statue serait descendue de son socle. Mais dès que Pellichos revint et comprit qu'il avait été dépouillé, voici comment il se vengea en faisant prendre le Libyen en flagrant délit : toute la nuit, le misérable tourna en rond dans la cour sans pouvoir en sortir, comme s'il était tombé dans un labyrinthe, jusqu'au moment où, le jour venu, il fut arrêté et trouvé en possession des objets volés. Une fois attrapé, il fut abondamment battu et ne survécut pas longtemps ; ce méchant mourut de male mort : il était fouetté chaque nuit, disait-il, au point d'ailleurs qu'on voyait le lendemain des meurtrissures sur son corps. Après ce récit, Tychiadès, moque-toi de Pellichos et considère maintenant que je radote comme si j'étais né à l'époque de Minos. »

L'Ami du mensonge ou l'Incrédule, 18-21

EXORCISER LES DÉMONS

Pour chasser les démons ou s'en prémunir, tous les moyens sont bons : ils redoutent les incantations, certains parfums les repoussent, des amulettes peuvent les tenir à distance, les sacrifices les apaisent. Dès l'Antiquité classique, les parfums et les odeurs fortes étaient réputés mettre les démons en fuite ; aussi en plaçait-on dans les tombeaux pour les empêcher de prendre possession des morts. L'ail, la guimauve et le fenouil entraient régulièrement dans la composition de philtres. On disait de la bétoine qu'elle s'opposait à leurs attaques et, à une époque encore récente, les Italiens l'utilisaient pour se protéger du mauvais œil. Mais les démons redoutent aussi le bruit et on peut les chasser à grands fracas : chez les Romains, ils fuient au bruit du bronze ; au Moyen Âge, ils s'enfuiront au son des cloches ; aujourd'hui, au bruit des pétards, comme au jour de la Saint-Sylvestre, mais le sait-on encore ? Les chrétiens disposeront de leurs propres moyens d'action : encens, eau bénite, signe de croix ou prières…

Lorsque les mesures préventives sont sans effet et que le démon a pris possession de sa proie, il ne reste plus aux humains que le recours à la force. Le plus simple est alors de lui faire peur en le menaçant ; si ce moyen s'avère insuffisant, on peut aussi lui faire sentir qu'il est indésirable en le rossant tout bonnement. Enfin, rien de tel, pour l'expulser, que la magie du Verbe et l'arme ultime : l'exorcisme, encore pratiqué de nos jours.

HOMÈRE
VIIIᵉ s. av. J.-C.

VIRGILE
Iᵉ s. av. J.-C.

CLAUDIEN
Vᵉ s. ap. J.-C.

Lucien

La « glossolalie » est la faculté surnaturelle d'un être humain de s'exprimer dans une langue qui lui est, en principe, totalement étrangère. Elle est bien connue du spiritisme, du chamanisme et du christianisme, où elle est encore considérée comme un signe de possession. Pour combattre le démon qui se manifeste ainsi, il n'y a rien de plus efficace, en définitive, que les menaces.

L'EXORCISTE

« Tu es ridicule de tout mettre en doute, dit Ion. Je voudrais au moins te demander ton avis sur tous ceux qui délivrent les possédés de leurs terreurs en exorcisant les fantômes de manière si évidente. D'ailleurs, je n'ai pas besoin d'en parler : tout le monde connaît le Syrien, originaire de Palestine, un expert en la matière. On lui amène des quantités de gens qui se jettent par terre en voyant la lune, les yeux révulsés et la bouche pleine d'écume : il les ramène pourtant à la vie et les renvoie sains d'esprit, les ayant libérés de leurs terreurs, en échange d'un salaire conséquent. Quand il se tient devant ces hommes étendus, il demande : "D'où êtes-vous venus dans ce corps ?" Le malade lui-même garde le silence, et c'est le démon qui répond, en grec ou en langue barbare, expliquant d'où il est originaire, comment il est entré dans l'homme et d'où il vient. Ensuite, le Syrien chasse le démon en l'exorcisant et, s'il n'obéit pas, en le menaçant. J'en ai vu moi-même sortir un : il était noir, avec une peau couleur de fumée. »

L'Ami du mensonge ou l'Incrédule, 16

HOMÈRE
VIIIᵉ s. av. J.-C.

VIRGILE
Iᵉʳ s. av. J.-C.

CLAUDIEN
Vᵉ s. ap. J.-C.

Philostrate

« Rire est le propre de l'homme », mais c'est aussi le propre du démon, lorsque l'hilarité est, comme ici, intempestive : le rire est alors le symptôme d'une pathologie induite par quelque possession. Dans ce récit, comme par la suite dans les textes chrétiens, les mesures d'intimidation de l'exorciste mettent le possédé dans une rage folle, mais, une fois la crise passée, tout est oublié.

LE REGARD QUI TUE

Un jour qu'il discutait des libations, un jeune freluquet si efféminé qu'il était devenu le héros d'une chanson paillarde vint par hasard assister à la discussion. Il était de Corcyre et prétendait descendre d'Alcinoüs le Phéacien, l'hôte d'Ulysse. Apollonios parlait donc des libations et recommandait de s'abstenir de boire à une coupe précise, pour la réserver aux dieux, sans y toucher et sans y boire, puis il recommanda de choisir une coupe avec des anses et de faire la libation du côté de l'anse parce que les hommes ne boivent jamais de ce côté ; le jeune homme fit alors entendre un éclat de rire gras et vulgaire. Apollonios tourna les yeux vers lui et lui dit : « Ce n'est pas toi qui m'insultes, mais le démon qui te pousse à ton insu. »

En fait, le jeune homme était, sans le savoir, possédé par un démon ; aussi lui arrivait-il de rire de ce qui ne faisait rire personne d'autre, puis, tout à coup, de fondre en larmes sans raison, ou bien de se parler à lui-même et de chanter. On croyait généralement que c'était la fougue de la jeunesse qui le poussait à agir ainsi, mais il était en fait l'interprète du démon et, comme il venait de se conduire en homme ivre, on le crut ivre. Mais Apollonios le fixait du regard, et le spectre se mit à pousser des cris de rage et de terreur, comme ceux des malheureux que l'on brûle ou que l'on torture ; il jura de quitter le jeune

233

homme et de ne plus prendre possession de personne.
Mais Apollonios l'apostrophait avec colère, comme le fait
un maître envers un esclave rusé, vicieux et insolent ; il
lui commandait de partir et de donner une preuve de son
départ. « Je vais renverser cette statue, là-bas », s'écria le
démon, et il désigna l'une des statues du Portique Royal,
où se passait cette scène. La statue chancela, puis tomba.
Le tumulte et les applaudissements émerveillés qui écla-
tèrent alors, je défie quiconque de les décrire. Le jeune
homme se frotta les yeux, comme s'il venait de sortir du
sommeil, les tourna vers la lumière du soleil et fut pris de
honte à voir tous les regards tournés vers lui ; il n'y avait
plus rien en lui d'efféminé, son regard n'était plus celui
d'un égaré, il avait repris ses esprits, exactement comme
s'il venait d'avaler un médicament. Il renonça à ses man-
teaux précieux, à ses étoffes délicates et à tout son attirail
de Sybarite et se prit de passion pour la vie rude et le
grossier manteau d'Apollonios.

Vie d'Apollonios de Tyane, IV, 20

HOMÈRE
VIIIᵉ s. av. J.-C.

VIRGILE
Iᵉʳ s. av. J.-C.

CLAUDIEN
Vᵉ s. ap. J.-C.

Flavius Josèphe

Les amulettes et les talismans, les formules magiques gravées sur du bois ou du plomb, de l'os ou de la pierre, ou encore tracées sur du papyrus, éloignent spectres et revenants ; il en est de même de certaines plantes, telle la rue, connue pour son amertume, son odeur fétide et… ses fantastiques propriétés !

PLANTE MÉDICINALE

Dans le palais avait poussé une rue de taille vraiment prodigieuse, car elle ne le cédait en hauteur et en épaisseur à aucun figuier. On racontait qu'elle datait du temps d'Hérode et elle aurait peut-être encore subsisté très longtemps si elle n'avait été coupée par les Juifs qui prirent possession des lieux. Dans la vallée qui borde la ville au nord, il y a un endroit appelé Baaras, où pousse une racine du même nom. Elle est couleur de flamme ; vers le soir, elle émet des rayons aveuglants et il est impossible de l'attraper à ceux qui s'en approchent pour la cueillir : elle se dérobe et ne s'immobilise pas avant qu'on l'ait arrosée d'urine de femme ou de sang menstruel. Et, même alors, ceux qui la touchent sont promis à une mort certaine, à moins d'en porter la racine même, pendue à la main. Mais il existe encore un autre moyen de s'en emparer sans danger ; le voici. On creuse le sol tout autour de la plante, de façon à n'en laisser plus qu'une toute petite partie sous terre ; puis on y attache un chien, et, quand il s'élance pour suivre la personne qui l'a attaché, la racine s'arrache facilement, mais le chien meurt instantanément, comme si l'on prenait sa vie à la place de celui qui allait cueillir la plante. Après cela, il n'y a plus rien à craindre quand on la saisit. Malgré tant de dangers, elle est recherchée pour une propriété particulière : elle permet d'expulser rapidement les êtres appelés démons (ce sont les esprits malins qui pénètrent dans le corps des vivants et qui les tuent quand ils restent sans secours), même si on se contente de l'appliquer sur les patients.

La Guerre des Juifs, VII, 178-185

HOMÈRE
VIIIᵉ s. av. J.-C.

VIRGILE
Iᵉʳ s. av. J.-C.

CLAUDIEN
Vᵉ s. ap. J.-C.

Constance de Lyon

Irrités, mécontents, démons et défunts ruinaient les vivants en faisant périr leurs récoltes et leurs troupeaux, mais ils les menaçaient aussi de grands fléaux, telles la peste ou la diphtérie. Pour juguler l'épidémie, il n'existe – comme bien souvent dans les textes chrétiens – qu'un seul « remède miracle » : de l'huile bénite, appliquée en onction sur la partie atteinte.

REMÈDE MIRACLE

Un jour, à la suite d'une terrible conspiration, les démons déclarèrent une sorte de guerre au bienheureux. Ils avaient multiplié les attaques contre lui, mais l'avaient trouvé invincible, revêtu qu'il était de l'armure de la foi, et ils machinèrent un plan d'extermination de la population. Car d'abord les tout-petits, puis leurs aînés mouraient d'un œdème soudain à l'intérieur de la gorge, si bien que la mort frappait en l'espace de trois jours à peine. La population était décimée comme par un glaive rageur. La prévention humaine n'était d'aucune aide, et il était presque trop tard quand le peuple tout tremblant eut recours à la protection divine par l'intermédiaire de l'évêque. Il bénit immédiatement de l'huile : à son contact, l'œdème se résorbait à l'intérieur, si bien que les voies naturelles ainsi dégagées permettaient aussitôt aux moribonds de respirer et de se nourrir. Le remède céleste leur porta secours aussi vite que le fléau avait frappé. L'un des possédés que le saint homme exorcisait cracha que la chose était arrivée du fait des esprits malins et avoua que la prière de Germain les avait tous mis en fuite.

Vie de saint Germain d'Auxerre, II, 8

HOMÈRE
VIIIᵉ s. av. J.-C.

VIRGILE
Iᵉ s. av. J.-C.

CLAUDIEN
Vᵉ s. ap. J.-C.

Venance Fortunat

Parmi les gestes qui sauvent du démon, on connaît bien entendu, du côté des chrétiens, le signe de croix et l'aspersion d'eau ou d'huile bénite ou encore les fumigations d'encens ; en voici un autre, peut-être moins habituel, mais tout aussi efficace.

LAXATIF

Non loin de là, presque à la même époque, comme Martin venait à entrer dans une maison, il s'arrêta juste sur le seuil, s'écriant qu'il voyait l'ombre effrayante d'un démon. De fait, la bête monstrueuse s'était emparée d'un cuisinier et tourmentait férocement sa proie. L'homme tantôt se déchirait lui-même, tantôt déchirait ses compagnons avec ses dents dont il s'était fait une arme. Tous fuyaient, pas un d'entre eux n'avait l'audace de faire front, à peine arrivaient-ils à gagner un lieu sûr en sautant vivement en arrière, trop heureux d'échapper eux-mêmes aux morsures. Alors le guerrier martial, Martin au cœur d'acier, prit les armes : il ne recula pas, ne laissa pas s'enfuir le démon, mais il intima l'ordre de s'arrêter au monstre qui aiguisait les crocs de ses mâchoires. Le saint homme lui enfonça alors les doigts dans la bouche en disant : « Si tu le peux, loup malfaisant, dévore cette proie que je t'offre. La nourriture que tu cherchais ailleurs vient d'elle-même sous tes crocs. » À ces mots, les deux mâchoires s'écartent largement de chaque côté et la bête garde ainsi la gueule béante, pour éviter de blesser les doigts, car elle redoutait le contact de la main que ses dents s'apprêtaient à lacérer. Assiégée dans le corps du possédé, elle était pressée de cruelles douleurs, cependant que les doigts l'empêchaient de sortir par la bouche. Alors, laissant derrière elle les traces répugnantes de son répugnant ministère, la bête immonde s'échappa, par la voie de l'immondice, dans un flux de ventre.

Va-t'en, rôdeur, par ce chemin, c'est le seul qui te convienne !

Vie de saint Martin, I, 450-471

HOMÈRE
VIII° s. av. J.-C.

VIRGILE
I° s. av. J.-C.

CLAUDIEN
V° s. ap. J.-C.

Philostrate

Les satyres sont des démons hybrides, mi-hommes, mi-boucs, qui font partie du cortège du dieu Bacchus ; on les reconnaît à leurs petites cornes, leurs oreilles pointues, leurs pattes fourchues et leur longue queue – de vrais diables ! Célèbres pour leur ivrognerie et leur lubricité insatiable, ils vivent dans les bois et les champs et passent leur temps à boire et à danser en compagnie de leur dieu, ou à trousser les nymphes. Rien de tel, par conséquent, quand on rencontre le fantôme d'un satyre, que de combattre le mal par le mal… en le soûlant !

CUITE SALVATRICE

Il y avait déjà dix mois que ce village était hanté par le fantôme d'un satyre qui se déchaînait contre les femmes, et qui, disait-on, en avait tué deux, dont il était, paraît-il, extrêmement amoureux. La panique s'empara des compagnons d'Apollonios, mais il leur dit :

« N'ayez crainte, ce n'est qu'un satyre qui agresse les femmes.

– Pardieu oui, s'écria Nil, c'est celui qui nous agresse nous autres, les gymnosophistes, depuis un certain temps déjà, et dont nous n'avons jamais pu empêcher les débordements.

– Il y a pourtant, leur dit-il, contre les agresseurs de cette espèce un antidote dont Midas se servait autrefois, dit-on, car ce Midas avait lui-même un peu de sang de satyre dans les veines, à en juger d'après ses oreilles. Un autre satyre, alors qu'ils étaient du même sang, se gaussa un jour de ses oreilles, en chanson, mais aussi en musique, mais Midas avait appris, je pense, de sa mère, que le moyen de capturer un satyre, c'est de l'enivrer ; une fois qu'il a sombré dans le sommeil, il s'assagit et se laisse amadouer. Il mêla du vin à l'eau d'une fontaine qui coulait près de son palais et y laissa boire le satyre : il en but et on put l'attraper. Et, voulez-vous que je vous prouve que ce n'est pas une fable ? Allons trouver le chef du village ; si les villageois ont du vin, nous le mêlerons d'eau pour ce satyre et il subira le même sort que le satyre de Midas. »

L'idée leur plut, et il versa quatre amphores égyptiennes de vin dans l'auge où s'abreuvait le bétail du village, puis il évoqua le satyre par des formules occultes ; celui-ci demeura invisible, mais le vin diminua, comme si on le buvait, et, quand il n'en resta plus une goutte, Apollonios dit : « Maintenant, faisons la paix avec le satyre, car il dort. »

Vie d'Apollonios de Tyane, VI, 27

ABÉCÉDAIRE DE LA MORT

Créatures
à ne pas rencontrer la nuit... ni le jour !

DIABLE. Voir SATAN.

DÉFIXION. Selon les Anciens, les esprits des morts possèdent une puissance magique, et on fait appel à eux pour se venger d'un ennemi ou le réduire à sa merci : on utilise alors des tablettes de défixion, autrement dit des tablettes d'envoûtement, ou d'exécration, que l'on dépose dans les tombeaux. Percées d'un clou, ces tablettes, généralement en plomb, vouent leur victime aux divinités infernales en appelant les morts – et quelques autres créatures des ténèbres – à leur service. Couvertes d'imprécations, de signes cabalistiques et de dessins plus ou moins évocateurs, ce sont de redoutables talismans.

DIS. Voir HADÈS.

EMPUSE OU EMPOUSE. Associée au cortège de la déesse Hécate, Empuse, ou Empouse, est une créature démoniaque, qui possède un pied d'âne et un pied de bronze. Vampire assoiffé de sang et de chair fraîche, elle est capable de se métamorphoser en belle jeune femme pour attirer ses victimes. En cela, elle annonce les succubes de l'ère chrétienne, démons féminins s'unissant aux jeunes gens assoupis et aspirant leur force vitale jusqu'à ce que mort s'ensuive.

ÉPHIALTÈS. Éphialtès, « l'Assaillant », est le nom porté par deux géants : l'un des Aloades et, dans la Gigantomachie, l'un des adversaires des dieux, tué par Apollon et Héraclès. Il personnifie dans l'Antiquité les cauchemars, ou les rêves érotiques, qui assaillent les dormeuses ou les violent pendant leur sommeil.

ÉRINYES OU EUMÉNIDES. Voir FURIES.

FURIES. Les Furies, déesses de la Vengeance, sont des démons infernaux qui poursuivent impitoyablement leur proie, en particulier les meurtriers, qu'elles rendent fous. En Grèce, ce sont les Érinyes, au nombre de trois : Tisiphone, Mégère et Alecto. Une fois leur soif de vengeance apaisée et le meurtrier purifié, elles peuvent devenir « les Bienveillantes », les Euménides. Les Furies, parfois ailées, ont une chevelure de serpents ; elles tiennent des fouets ou des torches.

HADÈS/PLUTON. Hadès, « l'Invisible », est le roi des morts ; il est le souverain du monde ténébreux des Enfers. Son nom étant de mauvais augure, on le désigne souvent par un euphémisme : Ploutos, ou Pluton chez les Romains, c'est-à-dire « le Riche » (en latin : Dis), car, maître de la Terre, il en possède les richesses minières. Jaloux de ceux dont il a la garde, Hadès ne laisse sortir personne des Enfers ; cette règle ne connaît que de rares exceptions : Eurydice, qui faillit être ramenée par Orphée ; Alceste, qui prit la place d'Admète et fut libérée par Héraclès.

HÉCATE. Descendante des Titans, Hécate n'appartient pas au panthéon des douze grands dieux olympiens. Hécate est une inquiétante divinité des Enfers, où elle figure tenant des torches à la main. Liée au monde nocturne, déesse de la Lune, et par là de la magie, elle apparaît souvent sous une forme animale, chienne, louve ou jument, suivie d'une meute hurlante. Elle est la Triple

Hécate aux redoutables sortilèges, qui se dresse aux carrefours, lieux particulièrement voués à la pratique de rites magiques, sous forme d'une statue à trois têtes, ou encore à trois corps.

HERMÈS/MERCURE. Hermès est le fils de Zeus et de Maïa, et peut se définir comme le dieu de la Circulation et de l'Échange. Dieu médiateur, Hermès est le messager de Zeus, médiateur entre le dieu suprême et les mortels. Sur terre, il est le dieu de l'Éloquence, le protecteur des voyageurs et, par suite, des marchands, mais aussi des voleurs. Dans les Enfers, il est chargé d'escorter les âmes des morts : on l'appelle alors Hermès psychopompe. On le reconnaît à ses sandales ailées et à son caducée.

LAMIES. Lamia est un monstre mythologique, une sorte de croque-mitaine, dont les vieilles femmes menaçaient les enfants pour leur faire peur. Les poètes avaient constitué à Lamia une légende, faisant d'elle une amante de Zeus poursuivie par la jalousie d'Héra, qui l'avait transformée en mère dénaturée, dévorant ses propres enfants, et même ceux des autres. L'imagination populaire accusait la Lamie, ou les lamies, de tous les maux qui s'abattaient sur les enfants ou sur les jeunes gens.

LARES. Les lares sont à l'origine les esprits divinisés des ancêtres défunts, bons et bienveillants tant qu'ils étaient traités avec respect. Le *lar familiaris*, le « lare de la famille », est le génie protecteur de la maison romaine, chargé de veiller sur ses habitants, mais les lares étendaient aussi leur protection en dehors de la maison, sur les rues, les carrefours ou l'ensemble de la cité. On les représentait sous la forme de jeunes gens sautillant, vêtus d'une courte tunique, tenant en main une patère et une corne d'abondance.

LARVES. Voir aussi LÉMURES. Les larves sont chez les Romains les âmes des morts qui sont condamnés à errer dans l'au-delà pour avoir commis quelque méfait au cours de leur vie ou avoir connu une fin tragique. On pouvait les invoquer pour châtier les criminels, qu'ils poursuivaient de mille maux. On les représente habituellement sous forme de spectres pâles et grimaçants ou de squelettes.

LÉMURES. À Rome, nom que l'on donnait aux fantômes des morts. La nuit, ils pouvaient revenir sur terre, parfois sous forme d'animaux, pour épouvanter et torturer les vivants. On les confondait parfois avec les larves.

MÂNES. Divinités infernales représentant les âmes des morts dans les croyances romaines. Leur nom signifie par antiphrase « les Bienveillants » ; c'était une façon de se les rendre favorables.

MOIRES. Voir PARQUES.

ORCUS. Orcus est le nom populaire souvent donné par les Romains au dieu de la Mort. On le représente sous la forme d'un géant barbu et hirsute. Il est l'ancêtre de l'ogre des contes de fées.

PAN. Honoré plus spécialement en Arcadie, Pan est le dieu des bergers, dont il protège les troupeaux ; il est aussi associé aux bois et aux montagnes. Il représente la puissance et la fécondité de la nature sauvage, avec de fortes implications sexuelles. Mi-homme, mi-bouc, il porte des cornes et ses pieds sont fourchus. Il est couronné de pin et tient à la main un bâton de berger. Divinité lubrique dont l'appétit sexuel n'est jamais satisfait, il fait partie du cortège bruyant et désordonné du dieu Bacchus et inspirera les chrétiens dans leur représentation du diable.

PARQUES. Divinités romaines du Destin, appelées par antiphrase « Celles qui épargnent » parce que, précisément, elles n'épargnent personne. Elles possèdent les caractéristiques des Moires grecques, auxquelles elles s'identifient peu à peu. Ce sont les trois filles de Zeus et de Thémis : Atropos, Clotho et Lachésis. Elles règlent la durée de la vie de chaque mortel : la première file, la deuxième dévide, la dernière coupe le fil de la vie. La plupart du temps vieilles et peu avenantes, elles sont souvent associées aux figures de la mort. À Rome, sur le Forum, se trouvent leurs trois statues, couramment désignées sous le terme de *Tria Fata*, les « Trois Destinées » ou « Trois Fées ».

PERSÉPHONE/PROSERPINE. Fille de Zeus et de Déméter, primitivement appelée Coré, « la Jeune fille », elle suscite l'amour d'Hadès qui l'enlève en Enfer. Pour avoir rompu le jeûne qu'elle s'était imposé en mangeant un pépin de grenade, elle se voit irrémédiablement liée au monde infernal ; elle devient alors l'épouse d'Hadès et la reine des Enfers.

SATAN. La tradition chrétienne, à la suite de l'Évangile, admet l'existence d'un être maléfique, inférieur à Dieu tout en jouissant d'une liberté redoutable. Ange déchu, Satan occupe dans la hiérarchie infernale une place symétrique à celle de l'archange Michel dans la hiérarchie céleste. Dans l'Apocalypse, Satan devient l'Antichrist, ou l'Antéchrist, dont le règne éphémère précédera la fin des temps. Les représentations du Démon procèdent de l'Antiquité et du type des satyres pour l'essentiel (cornes, oreilles velues, pieds de bouc).

STRIGES. Ce sont à l'origine des démons féminins ailés, doués de serres semblables à celles des oiseaux de proie ; elles se repaissent du sang et des entrailles des enfants, et se reconnaissent à leurs cris stridents.

LES AUTEURS DU « SIGNET »[1]

Achille Tatius (IIe siècle apr. J.-C.)

Il ne nous reste qu'une seule œuvre d'Achille Tatius, un roman d'amour et d'aventures, *Le Roman de Leucippé et Clitophon*. Follement épris l'un de l'autre, Clitophon et sa cousine Leucippé n'ont qu'une idée en tête : goûter au plus vite les douceurs de l'amour, mais tout se met en travers de leur chemin. Commence alors une suite trépidante d'aventures, toutes plus rocambolesques les unes que les autres : voyages, naufrages, rencontres louches ou dangereuses, esclavage, morts et fausses morts, emprisonnements, jugements, et même trahisons ; au terme de ces péripéties, les amants parviendront à se retrouver. Une œuvre baroque et foisonnante, à l'intrigue complexe, qui se joue avec bonheur des conventions du genre.

Anthologie grecque

L'*Anthologie grecque* s'efforce de faire revivre les chefs-d'œuvre des siècles passés et regroupe les collections d'épigrammes réalisées à l'époque byzantine (Xe siècle apr. J.-C.). Les textes rassemblés s'échelonnent de l'époque archaïque jusqu'à l'époque chrétienne. Les poèmes y sont classés selon leur style ou leurs sujets, toutes époques confondues. On y trouve des épigrammes votives, funéraires, satyriques, érotiques, figurées, des charades ou des devinettes, des problèmes mathématiques, etc.

---

1. Quelques-unes de ces notices sont librement inspirées du *Guide de poche des auteurs grecs et latins* ou sont issues des précédents « Signets ». Les auteurs de langue grecque sont signalés par la casse droite, les auteurs de langue latine par l'italique.

Elle est le point d'orgue d'une histoire littéraire vieille de plusieurs siècles et nous permet de renouer avec la magie et la puissance d'une poésie qui n'a jamais cessé de nous toucher.

Antoninus Liberalis (IIᵉ ou IIIᵉ siècle apr. J.-C.)

La mythologie a un caractère proliférant, et il devint très vite impossible de connaître l'ensemble des mythes. Fleurirent alors des manuels de mythologie, destinés tant aux auteurs qu'aux érudits, dont le but était de présenter cet écheveau complexe qu'était devenue la mythologie grecque. Parmi ces textes figure le petit recueil de légendes d'Antoninus Liberalis, *Les Métamorphoses*. Le lecteur curieux de mythologie y trouvera des versions rares, correspondant à des œuvres perdues.

Apulée (*c.* 125-170 apr. J.-C.)

Originaire d'Afrique du Nord, d'abord avocat, puis rhéteur et brillant conférencier, Apulée se dit aussi philosophe platonicien, d'où l'un de ses traités, *Du Dieu de Socrate*. Mais il est surtout célèbre pour son grand roman en onze livres, *Les Métamorphoses ou l'Âne d'or*. Elles relatent à la première personne les tribulations d'un naïf trop curieux, le jeune Lucius de Corinthe, qu'une opération de sorcellerie ratée a transformé en âne mais qui n'en pense pas moins, et tissent dans tous les styles la trame parodique d'une comédie humaine dont le dénouement est procuré par l'intervention d'Isis-Reine. Un roman jubilatoire, aux confins de l'érotisme, du fantastique et de la mort.

Aristophane (445-386 av. J.-C.)

Le plus grand poète comique d'Athènes, dont il ne nous reste plus que onze comédies, sur les 44 qu'il aurait écrites : *Les Acharniens*, *Les Cavaliers*, *Les Nuées* (où il se moque de Socrate), *Les Guêpes* (que Racine imitera dans ses *Plaideurs*), *La Paix*, *Les Oiseaux* (qui met en scène la fondation de « Coucouville-les-Nuées », dont Goethe s'inspirera dans l'un de ses poèmes), *Les Grenouilles* (centrée autour de la querelle entre les tragédiens Eschyle et Euripide), *Lysistrata* (les femmes font la grève du sexe !), *L'Assemblée des femmes* (elles prennent le pouvoir), *Les Thesmophories* et le *Ploutos*. Aristophane n'y épargne personne : politiciens et intellectuels, Athéniens ou étrangers, chacun en prend pour son grade. Son humour, acerbe et truculent, n'est jamais vain : par ses caricatures, sa trivialité, ses jeux de mots, Aristophane a invité ses concitoyens et ses lecteurs à la réflexion autant qu'à la distraction.

Cicéron (106-43 av. J.-C.)

Avocat, grand orateur, mais aussi philosophe à ses heures, Cicéron est l'exemple parfait de l'homme nouveau en politique, qui réussit d'abord une brillante carrière, mais paye ensuite de l'exil son succès contre la conjuration de Catilina, en 63, et enfin de la mort son ralliement à Octave. Son génie se manifeste surtout dans son œuvre, qui est immense et représente l'un des sommets de la prose littéraire latine : elle comprend une abondante correspondance (plus de 900 lettres), environ 140 discours judiciaires ou politiques et de multiples traités de rhétorique et de philosophie, servis par l'élégance de la langue ; elle a joué un rôle déterminant dans la tradition culturelle de l'Occident jusqu'à nos jours. Dans son traité *De la divination*, il démonte avec une logique implacable les mécanismes de la crédulité et de la superstition. Un ouvrage vif et ironique, aux descriptions captivantes sur la voyance, l'astrologie, l'interprétation des rêves ou encore les oracles grecs et romains.

Constance de Lyon (ve siècle apr. J.-C.)

On doit à ce prêtre, grand lettré et poète, ami et peut-être maître de Sidoine Apollinaire, une *Vie de saint Germain* écrite vers 480, soit une trentaine d'années après la mort du saint, qui fut un évêque exemplaire.

Une œuvre fine et généreuse, qui représente la source la plus importante sur la vie de ce personnage, mais aussi sur les affaires de l'Église et de la Gaule romaine à cette époque.

Cyprien (saint) (*c.* 200-258 apr. J.-C.)

Originaire d'Afrique du Nord, d'abord rhéteur, converti sur le tard au christianisme, il devient prêtre, puis évêque de Carthage, où il meurt décapité le 14 septembre 258. Auteur d'une bonne douzaine de traités théologiques ou moraux, il est surtout connu pour sa volumineuse *Correspondance*, qui représente un document de tout premier ordre sur la tourmente des persécutions. Il demeure le modèle des écrivains ecclésiastiques latins jusqu'à Augustin, et son œuvre sera très lue au Moyen Âge.

Damascius (*c.* 460-après 530 apr. J.-C.)

Philosophe néo-platonicien, il est d'abord professeur de rhétorique et de philosophie, avant de prendre la tête de l'Académie d'Athènes, dont il sera le dernier chef. Il est l'auteur de plusieurs commentaires de Platon et d'Aristote, mais aussi d'une *Vie d'Isidore*, biographie de celui qui fut son maître à Alexandrie. On peut en lire des extraits dans la Souda et dans la fameuse *Bibliothèque* de Photius.

Élien (*c.* 175-235 apr. J.-C.)

L'homme était un rhéteur, se disait romain, mais il n'en écrivit pas moins en grec. Parmi ses œuvres, on compte une anthologie zoologique, *La Personnalité des animaux*. L'auteur y prend résolument le parti des bêtes et réunit une foule d'observations ou d'anecdotes sur la faune grecque ou exotique, en accordant une grande place à l'éthologie et à la psychologie animales. Écrivain érudit et conteur de talent, Élien nous offre une œuvre de science, d'art et de plaisir, qui forme l'un des plus beaux livres de zoologie jamais écrits.

Eschyle (525-456 av. J.-C.)

D'abord acteur, il est aussi le premier des trois grands tragiques grecs. Reconnu et adulé dès son vivant, il donne sa forme classique à la tragédie grecque en apportant à l'art dramatique bon nombre d'innovations. Il ne nous reste plus que sept des 73 pièces qu'il aurait composées : *Les Perses, Prométhée enchaîné, Les Sept contre Thèbes, Les Suppliantes*, et la trilogie de *L'Orestie*, qui relate l'assassinat d'Agamemnon à son retour de Troie *(Agamemnon)*, puis celui de Clytemnestre par son fils Oreste *(Les Choéphores)* et, enfin, le procès d'Oreste *(Les Euménides)*. L'œuvre d'Eschyle se caractérise par sa puissance, sa profondeur morale, son style grandiose et imagé. Ses personnages tragiques, Prométhée et Clytemnestre surtout, sont parmi les plus puissants de la littérature universelle.

Euripide (485-406 av. J.-C.)

Héritier d'Eschyle et rival de Sophocle, Euripide est le troisième et dernier des grands tragiques grecs. Il n'a pourtant pas obtenu en son temps un succès digne de son talent. Nourri de philosophie, de sophistique et de rhétorique, il a donné au théâtre une dimension nouvelle, que le public avait parfois du mal à apprécier. Des 92 pièces qu'il aurait écrites, dix-huit nous sont parvenues, qui retracent des épisodes mythiques, souvent centrés autour de grands personnages féminins, dont Hécube. Son œuvre est pourtant de loin la mieux conservée, et cette abondance témoigne de son rayonnement exceptionnel à partir de la période hellénistique. Car la postérité le célébrera à sa juste valeur : Euripide sera le plus connu de tous les tragiques, celui qui frappera le plus l'imagination des Anciens.

Flavius Josèphe (37-*c*. 100 apr. J.-C.)

Né à Jérusalem, prêtre et descendant de rois, Joseph ben Matthias reçoit le commandement de la Galilée lors du soulèvement de la Judée contre la domination romaine. Vaincu et fait prisonnier, il passe dès lors aux

Romains. On lui doit notamment *La Guerre des Juifs*, le seul récit complet de la guerre de 66-73, qu'il avait vécue de bout en bout, jusqu'à la chute de Masada, que l'on ne connaît que par lui. Le récit, en sept livres, rédigé à l'origine en araméen, fut traduit ultérieurement en grec. Les chrétiens ont souvent considéré cette œuvre comme une sorte de « cinquième évangile » ; elle occupe en tout cas une place exceptionnelle au centre des polémiques rattachées à l'identité juive depuis vingt siècles.

Grégoire le Grand (c. 540-604 apr. J.-C.)

C'est sur un arrière-plan de famine, de peste et de massacres que se déroule la carrière de Grégoire, d'abord magistrat, puis moine, abbé et fondateur de sept monastères, émissaire du pape à Byzance, enfin pape lui-même, de 590 à 604. Homme d'action, c'est aussi un auteur très productif : on lui doit environ 60 homélies et 850 lettres, les *Morales sur Job* en 35 livres, et quatre livres de *Dialogues* consacrés aux miracles contemporains, de saint Benoît surtout, qui allaient devenir l'un des *best-sellers* du Moyen Âge.

Héliodore (IIIᵉ ou IVᵉ siècle apr. J.-C.)

Les Éthiopiques qui firent les délices du jeune Racine et inspirèrent l'*Aïda* de Verdi sont un roman en dix livres d'Héliodore, le plus long de tous et l'un des plus réussis. Les amours de romans grecs sont traditionnellement contrariées, et *Les Éthiopiques* n'échappent pas à cette règle. L'histoire, aussi haletante que rocambolesque, relate en mille et un détours les séparations et les retrouvailles de la belle Chariclée, fille du roi d'Éthiopie et prêtresse d'Apollon, et de Théagène, noble Thessalien. Rebondissements et mésaventures les mènent de Delphes à Méroé, en passant par les bouches du Nil, avant de les réunir enfin, en Éthiopie, d'où le titre. Le récit, conduit avec subtilité et brio, témoigne d'un talent et d'une audace exceptionnels d'écrivain ; il inspirera Tasse, Cervantès, Calderon et le roman baroque ou précieux.

Hérodote (480-420 av. J.-C.)

« Père de l'histoire » pour certains, « roi des menteurs » pour d'autres, Hérodote a composé une vaste « enquête », les *Histoires* (c'est le sens du terme *historié* en grec). Son œuvre, plus tard divisée en neuf livres dont chacun porte le nom d'une Muse, couvre la lutte entre la Grèce et l'Asie depuis l'époque du roi Crésus, au milieu du VIᵉ siècle av. J.-C., jusqu'à la retraite de Xerxès hors de Grèce, en 478. Souvent critiqué pour sa méthode, Hérodote ne fait pas toujours preuve d'exigence rationnelle, mais son style clair et simple et son récit gracieux ont beaucoup de charme. Friand d'anecdotes, Hérodote est aussi célèbre pour ses digressions, qui exerceront une grande influence sur les œuvres littéraires de tous les temps.

Hésiode (*c.* 700 av. J.-C.)

L'un des tout premiers poètes grecs connus, à qui l'on doit notamment la *Théogonie*, où il chante la naissance du monde et des dieux, et *Les Travaux et les Jours*. Dans ce poème didactique, Hésiode se tourne vers les hommes et leur quotidien, leur vie rythmée par les travaux et les peines, en relation avec les saisons. Il y présente notamment la légende de Pandore et le mythe des cinq âges du monde, depuis l'âge d'or jusqu'à l'âge de fer, le pire de tous. Bien que sa renommée ait été éclipsée par celle d'Homère, il constitue l'une des sources les plus belles de la mythologie grecque.

Histoire Auguste (fin du IVᵉ siècle apr. J.-C.)

C'est le nom donné par le savant suisse Casaubon au XVIIᵉ siècle à une collection de biographies d'empereurs romains, d'Hadrien à Numérien, de 117 à 284 apr. J.-C. Derrière les six auteurs affichés du recueil, il s'en cache en réalité un seul, sans doute un sénateur romain, qui les écrivit à l'extrême fin du IVᵉ siècle. Le sens du détail salace, la technique des « vignettes », la charge brutale laissent le sentiment d'un auteur qui ne craint point de procéder par demi-vérités ou vérités et demies. La vérité nue l'intéresse peu. D'Antonin Artaud à Marguerite Yourcenar, les écrivains ont fait leurs délices de ces épices, que les historiens ne peuvent ignorer tout en étant contraints à une extrême prudence.

Homère (VIIIe siècle av. J.-C. ?)

Premières œuvres de la littérature occidentale, l'*Iliade* et *L'Odyssée* datent du milieu du VIIIe siècle avant notre ère, pense-t-on, mais on ignore tout de leur auteur. Louées depuis la plus haute Antiquité, ces deux immenses épopées, comptant à peu près 16 000 et 12 000 vers, n'ont jamais cessé d'être chantées, apprises, commentées par des générations de lecteurs fervents. Pour le monde antique, l'épopée d'Homère est *le texte* fondateur, la source de toute culture. Chantés par les aèdes, dans les cours aristocratiques, les vers épiques racontent les exploits des héros du temps passé. À la suite de l'enlèvement d'Hélène, épouse du roi de Sparte Ménélas, par le prince troyen Pâris, les Grecs partent en expédition contre Troie, riche cité d'Asie Mineure ; après dix ans de siège, la ville est prise, et les chefs grecs reprennent la mer pour de nouvelles aventures. L'*Iliade*, poème de la gloire et de la guerre, relate la colère d'Achille, qui ne veut pas déroger aux valeurs héroïques. Récit de voyage et conte merveilleux, *L'Odyssée* chante les errances d'Ulysse jusqu'à son retour à Ithaque et l'endurance sublime d'un homme qui, sans cesse, se cache, invente, se transforme, s'adapte pour survivre. Ce texte, un « bien pour l'éternité », selon l'expression de Thucydide, est l'un des plus grands chefs-d'œuvre de la culture européenne.

Jamblique (*c.* 240-325 apr. J.-C.)

Philosophe néo-platonicien originaire de Syrie, élève de Porphyre, il est d'abord professeur de rhétorique et de philosophie, avant de fonder sa propre école en Syrie. On lui doit plusieurs ouvrages, dont une *Vie de Pythagore*, qui fait la part belle aux miracles accomplis par cet homme divin. Chez lui, Pythagore devient une sorte de saint païen, dont les vertus et les miracles valent bien ceux des chrétiens. Son œuvre aura une influence considérable sur les néo-platoniciens Proclus et Damascius.

Jérôme (saint) (347-419 apr. J.-C.)

Originaire de Dalmatie (l'actuelle Slovénie), il mène d'abord une vie agitée avant de s'essayer un temps à la vie d'ermite dans un désert de Syrie (où la légende et l'iconographie devaient lui donner un lion pour compagnon). Ordonné prêtre, il devient ensuite le secrétaire du pape Damase et le directeur de conscience de plusieurs grandes dames de l'aristocratie, avant de retourner au Moyen-Orient. Il y fonde un monastère, à Béthléem, où il mènera une vie d'intense érudition et souvent de violente controverse. Polygraphe, Jérôme est le type même de « l'intellectuel » passant toute sa vie au milieu des livres, saints ou classiques. Sa traduction de l'Écriture sainte, la Vulgate, suffirait d'ailleurs à en faire l'un des plus importants écrivains chrétiens (et de très loin le plus lu !). Mais Jérôme est aussi un épistolier de tout premier ordre, dont la volumineuse *Correspondance* constitue l'un des sommets du genre. Ses lettres sont un festin littéraire tant elles regorgent de trouvailles et de formules percutantes, assaisonnées d'un humour corrosif ; elles nous offrent une peinture vivante de son esprit et de cette époque si particulière. Historiographe, critique littéraire, commentateur, et avant tout « chercheur » au sens moderne du terme, Jérôme a été l'un des plus grands intellectuels de son temps, l'un des pères latins de l'Église.

Lucain (39-65 apr. J.-C.)

Originaire d'Espagne, neveu du grand philosophe Sénèque, ce génie littéraire se serait, selon la légende, attiré la jalousie et la haine de l'empereur Néron par ses succès poétiques. Il périra prématurément, contraint au suicide pour avoir participé à un complot contre Néron.

Il ne reste des œuvres de cet écrivain abondant et précoce que l'épopée inachevée de *La Guerre civile* entre César et Pompée (plus connue sous le titre de *Pharsale*, du nom de la grande victoire de César en Thessalie). Lucain voulait faire frissonner ses lecteurs et rendre sensible l'horreur de cette guerre ; son esthétique y privilégie donc les descriptions sanglantes ou macabres : on a pu dire de lui qu'en toute occasion « il donne à voir pour donner à penser ». Cet expressionnisme forcené annonce celui de l'âge baroque, qu'il influencera profondément.

Lucien de Samosate (*c.* 120-après 180 apr. J.-C.)

Originaire de Syrie, orateur né, brillant conférencier, Lucien est l'un des auteurs les plus spirituels de l'Antiquité, « le prince du gai savoir ». Son œuvre est considérable (les Anciens lui prêtent plus de 86 ouvrages) et touche à tous les genres littéraires : essais, discours, lettres, dialogues et histoires. Esprit satirique, Lucien excelle à tourner en dérision la vanité, l'ignorance, les croyances et la superstition de ses contemporains. Il est le maître incontesté du dialogue, comme en témoignent ses célébrissimes *Dialogues des morts*, imités par Fénelon, Voltaire et Fontenelle. *Les Amis du mensonge* offrent des récits de guérisons miraculeuses, de statues animées, de fantômes : c'est dans ce texte que l'on trouve pour la première fois le thème de l'apprenti sorcier dont Goethe s'inspirera. Ses *Histoires vraies*, chef-d'œuvre d'inventivité, sont une plongée dans la fiction pure et peuvent se lire comme le premier ouvrage de science-fiction de l'histoire ; elles ont inspiré le voyage de Pantagruel au *Quart Livre* de Rabelais, *Micromégas* de Voltaire ou encore *Les Voyages de Gulliver* de Swift. Brillante entre toutes, son œuvre se caractérise par une ironie mordante, coulée dans le moule d'une langue très pure, sans manquer de verdeur. Jamais la langue grecque n'aura été aussi souple et flamboyante ; elle atteint avec l'œuvre de Lucien des sommets de virtuosité qu'elle ne retrouvera plus guère après lui.

Macrobe (fin du IVe siècle-début du Ve siècle apr. J.-C.)

Macrobe est l'auteur des *Saturnales*, un dialogue en sept livres qui fait revivre les conversations échangées entre des aristocrates et des érudits à l'occasion d'un banquet organisé lors des Saturnales, les fêtes du mois de décembre. On y traite longuement d'histoire, de philologie et de littérature, Virgile en particulier. Très documentées, *Les Saturnales* se veulent une véritable encyclopédie du savoir essentiel de l'honnête homme ainsi qu'un vaste répertoire de citations.

Nazarius (IVe siècle apr. J.-C.)

Du rhéteur gaulois Nazarius, il ne nous reste plus qu'un discours d'apparat, son panégyrique de l'empereur Constantin, prononcé en 321 pour ses quinze ans de règne. Cet éloge fut inséré par la suite dans les *Panégyriques latins*, un recueil de onze discours d'éloge, composés par d'autres rhéteurs gaulois entre les années 289 et 389 de notre ère en l'honneur des empereurs de l'époque. Des éloges dithyrambiques, beaux exemples de « langue de bois », qui jettent un éclairage politique intéressant sur l'histoire de la Gaule et de l'Empire romain à cette époque.

Ovide (43 av. J.-C.-*c.* 18 apr. J.-C.)

Ovide est, par excellence, le poète des temps nouveaux et de leurs contradictions. Poète aimé des foules et chéri de la Cour pour sa virtuosité et son esprit, il choqua la morale officielle et fut soudainement relégué par Auguste à Tomes, sur les rives de la mer Noire, en l'an 8 de notre ère, pour des raisons obscures, peut-être un scandale. Il y meurt dans la désolation, abandonné de tous et de tout. Reste son œuvre de virtuose, étourdissante de facilité et de beauté, où il se fait tour à tour le poète de l'amour, des dieux et de l'exil – il voulait être, nous dit-il, « le Virgile de l'élégie ». Parmi ses pièces d'inspiration savante et mythologique, figurent *Les Fastes*, restés inachevés, une revue des fêtes religieuses du calendrier romain,

de janvier à juin et, surtout, *Les Métamorphoses*. Cette épopée tisse une histoire merveilleuse du monde et chante
les transformations légendaires d'êtres humains en animaux ou en végétaux. Ovide est l'un des plus célèbres
poètes latins : le Moyen Âge, qui l'adorait, l'a lu, cité et
adapté, quitte à le moraliser parfois pour le faire entrer
au couvent, et il a été le poète favori de la Renaissance et
des siècles classiques. Son œuvre est l'une des plus fasci-
nantes de l'Antiquité, l'une de celles, en tout cas, qui ont
le plus influencé la poésie et les arts.

Pausanias (IIe siècle apr. J.-C.)

Passionné de géographie et d'histoire, Pausanias est
un grand voyageur à qui l'on doit une *Description de la
Grèce* en dix livres, véritable panorama de cette région du
globe. Il n'y signale que ce qui lui semble « digne d'être
mentionné » ou « vu », s'érigeant en arbitre du bon goût
dans le domaine des Antiquités grecques. Ce qui l'intéresse avant tout, ce sont les récits, les objets et les monu-
ments des temps glorieux de la Grèce. On l'a souvent
dit : « La Grèce de Pausanias est un peu celle des tombeaux, des sanctuaires désertés, des villes musées. » Une
œuvre originale, alliant le guide touristique au guide historique et mythologique, qui sauve de l'oubli cette Grèce
qu'il semble tant aimer. Rien d'étonnant à ce qu'elle soit
constamment visitée et revisitée par les archéologues, les
historiens et les amateurs d'art.

Pétrone (mort en 66 apr. J.-C. ?)

De Pétrone, qui fut peut-être – mais rien n'est moins
sûr – « l'arbitre des élégances » à la cour de Néron, il
nous reste une œuvre fragmentaire et insolite, le *Satiricon*,
« histoires satiriques » ou « histoires de satyres », le premier roman « réaliste », bien différent des romans grecs
contemporains centrés sur une intrigue plus idéalisée.
Accompagné de son ami Ascylte et du petit esclave
Giton, Encolpe, le narrateur, vole d'aventure en aventure, autant d'occasions de savoureuses descriptions de

la société romaine et de parodies pleines d'humour et de grivoiserie. Trois temps forts rythment le récit, dont le fameux festin chez Trimalcion, un « nouveau riche » vulgaire. Aux bas-fonds, maisons borgnes et auberges mal famées arpentés par les déclassés font écho les dévergondages et les licences de la haute société impériale, le tout raconté avec bonhomie, ironie parfois, fausse naïveté souvent, mais aussi parodie et persiflage. Pour la première fois, un latin « vulgaire », parlé, accède au statut de langue écrite.

Philostrate (*c.* 165-*c.* 250 apr. J.-C.)

On connaît sous le nom de Philostrate quatre auteurs, tous originaires d'une même famille. L'un d'entre eux, le rhéteur Flavius Philostrate, nous a laissé une *Vie d'Apollonios de Tyane* en huit livres, rédigée à la demande de l'impératrice Julia Domna, l'épouse de Septime Sévère. Dans cette biographie romancée du philosophe néo-pythagoricien, il promène son héros, grand mystique et thaumaturge, dans toute l'étendue du monde habité de l'époque, de Gibraltar aux frontières de l'Inde et de l'Éthiopie. Apollonios y est présenté comme le type même du sage idéal, de l'homme divin, le nouveau Pythagore, pratiquant l'abstinence, le célibat et le silence, enseignant que la divinité s'honore par la pureté du cœur. Le paganisme finissant allait en faire une figure de saint pour l'opposer à une autre grande figure de l'époque : le Christ.

Phlégon de Tralles (IIᵉ siècle apr. J.-C.)

Phlégon de Tralles est surtout connu pour son *Livre des merveilles*, un recueil de récits paradoxographiques (de morts vivants, de fantômes et de phénomènes surnaturels divers), qui inspirera nombre de contes fantastiques, de romans noirs ou gothiques entre le XVIᵉ et le XVIIIᵉ siècle, jusqu'au célèbre poème de Goethe, *La Fiancée de Corinthe*, ou encore *La Morte amoureuse* de Théophile Gautier.

Photius (*c.* 810-après 886 apr. J.-C.)

Deux fois patriarche de Constantinople, de 858 à 867 et de 877 à 886, il est à l'origine de la renaissance des études à Byzance. Il acquiert une culture encyclopédique et anime un cénacle où l'on se presse. Le fruit de cette intense activité est la *Bibliothèque,* dite aussi *Myriobiblon* (« Le livre infini »), qui, à elle seule, suffirait à sa gloire : 280 ouvrages grecs y sont mentionnés, analysés, jugés, parfois largement cités. Tous les genres sont admis, sauf la poésie, de la période classique jusqu'au début de la période byzantine. Il y exerce un esprit critique étonnamment agile et rigoureux. Nous lui devons une bonne part de notre connaissance des auteurs antiques ou pré-byzantins chrétiens. Photius est l'un des plus importants théologiens de Byzance, ainsi qu'un brillant représentant de l'humanisme byzantin ; depuis la fin du xe siècle, il compte parmi les saints de l'Église orthodoxe.

Plaute (*c.* 255-184 av. J.-C.)

Tenté par le « bas comique » jusque dans le nom qu'on lui prête, T. Macc(i)us (la « grosse mâchoire ») Plautus (« aux pieds plats ») est né en Ombrie. Venu à Rome pour faire carrière dans les métiers de la scène, il est d'abord acteur, puis s'essaie au commerce, se ruine et tâte de divers métiers (jusqu'à être l'esclave d'un meunier) avant de se mettre à écrire des comédies, toujours pour gagner sa pitance ; la réalité semble dans son cas dépasser la fiction. On lui attribue 130 pièces, dont 21 ont été conservées et jugées authentiques par Varron. Ses pièces sont des adaptations plus ou moins libres des pièces grecques de la « comédie nouvelle », mais il excelle dans l'art d'accommoder ses sketches à la sauce romaine pour les transformer en d'irrésistibles bouffonneries. Jouant des jeux de mots et de la parodie, utilisant habilement la musique, il sait aussi exploiter les quiproquos et tirer toutes les « ficelles du vaudeville ». Après sa mort, Plaute a connu un tel succès que beaucoup de pièces ont circulé sous son nom. De Shakespeare à Kleist en passant par Molière, son théâtre a exercé une grande influence jusqu'à l'époque moderne.

Pline l'Ancien (23-79 apr. J.-C.)

Alliant le goût du savoir à celui du pouvoir, magistrat et grand savant, Pline l'Ancien meurt en août 79, lors de la grande éruption du Vésuve, victime de sa curiosité scientifique et de son insatiable soif de connaissance. « Le plus illustre apôtre de la science romaine » laissait plus de 500 volumes, dont seuls nous sont parvenus les 37 livres de l'*Histoire naturelle*, qui fourmille en curiosités intéressantes et en anecdotes étranges embrassant tous les domaines de la connaissance humaine. « Homme du plus profond savoir et du plus grand goût », selon Diderot, authentique polymathe, Pline a été le vrai fondateur de l'encyclopédie.

Pline le Jeune (61/62-113 apr. J.-C.)

Neveu de Pline l'Ancien, avocat et homme politique romain, aristocrate mondain, il était l'ami de Tacite et l'un des proches de l'empereur Trajan, qui le nomma gouverneur de la province impériale de Bithynie. On le connaît surtout pour sa *Correspondance* en dix livres, regroupant lettres privées et officielles. Composées avec soin dans la perspective d'une publication, graves ou enjouées, d'un style très étudié, elles touchent à tous les sujets et nous font revivre l'existence oisive et les mille et un petits soucis d'un Romain fortuné, pendant une période heureuse de l'Empire. Dans l'histoire des lettres, on peut dire qu'il est l'inventeur d'un genre nouveau, la « lettre d'art ».

Plutarque (c. 45-125 apr. J.-C.)

Biographe et philosophe grec, Plutarque nous a légué une œuvre importante, où la philosophie et la biographie occupent une place de choix. Nous possédons de lui les *Œuvres morales*, un ensemble varié de traités et de dialogues consacrés à des questions de philosophie morale (d'où le titre de l'ensemble), mais aussi à des sujets littéraires, politiques, scientifiques, religieux. C'est aussi en moraliste que Plutarque s'est intéressé à la vie des hommes illustres : ses *Vies parallèles* sont un immense recueil de biographies de grands hommes de l'histoire, présentées presque toutes par paires (un Grec étant mis chaque fois en parallèle avec un Romain). D'une érudition prodigieuse, l'œuvre de Plutarque est un trésor de connaissances, de faits et d'idées. Dès l'Antiquité, elle a exercé une influence considérable, et parmi les très nombreux esprits que Plutarque a marqués on relève Shakespeare, Montaigne ou encore Rousseau. Au-delà de leur portée philosophique, ses œuvres sont une mine de renseignements pour tous ceux qui s'intéressent à la civilisation gréco-romaine.

Pomponius Mela (Ier siècle apr. J.-C.)

Originaire d'Espagne, apparenté aux Sénèque, il est l'auteur d'une *Chorographie* en trois livres. L'ouvrage est conçu comme la relation d'un voyage qui formerait une boucle à partir de la Mauritanie, l'actuel Maroc, et donne lieu à une description détaillée des pays du bassin méditerranéen jusqu'au golfe Persique. L'auteur y manifeste un intérêt ethnographique pour les curiosités locales, les mœurs des populations étrangères, les caractéristiques des régions les moins connues. Cet ouvrage, le plus ancien traité de géographie latin, fut très apprécié du public, qui trouvait à y satisfaire son goût pour le pittoresque.

Procope de Césarée (début du VIe siècle-*c.* 560 apr. J.-C.)

Originaire de Palestine, conseiller et homme de confiance de Bélisaire (le célèbre général de l'empereur romain Justinien), polyglotte assurant à l'occasion des missions de liaison, voire d'espionnage, historiographe officiel de la Cour, on lui doit notamment l'une des œuvres les plus extraordinaires de tous les temps : l'*Histoire secrète* du règne de Justinien, un écrit clandestin dans lequel il révèle les effroyables turpitudes de ses maîtres, l'empereur Justinien et son épouse Théodora. Une œuvre au parfum de soufre, qui a fasciné des générations de lecteurs.

Prudence (348-*c*. 405 apr. J.-C.)

Originaire d'Espagne, avocat, deux fois gouverneur de province, puis haut fonctionnaire à la cour de Théodose, il consacre sa retraite à la poésie, qu'il met au service de la religion et de l'Église. Celui qu'on a désigné comme « le plus grand poète latin chrétien de l'Antiquité » marie la forme classique et l'inspiration chrétienne en un style somptueusement baroque. Ses œuvres sont toutes conservées et se distribuent entre poésie lyrique, didactique et polémique. Poète didactique avec l'*Apotheosis*, consacrée à pourfendre les hérésies, et l'*Hamartigenia* sur l'origine du mal (Satan y joue un rôle crucial), il se fait poète lyrique avec le *Cathemerinon Liber* (« Livre d'heures ») et le *Peristephanon Liber* (« Livre des couronnes », les récompenses offertes aux martyrs dans le royaume de Dieu). Le premier célèbre avec grâce les moments de la journée et les fêtes chrétiennes, comme Noël et l'Épiphanie, le second chante les martyrs. On en retiendra sainte Eulalie, l'une des plus belles figures féminines des lettres latines, qui inspirera Federico Garcia Lorca.

Quinte Curce (Iᵉʳ ou IIᵉ siècle apr. J.-C.)

Quinte Curce est un auteur romain qui se fit historien, non pas de Rome, mais, chose rare, de la Grèce et d'Alexandre. Son *Histoire d'Alexandre le Grand* en dix livres nous conduit de l'an 333 avant notre ère jusqu'à la mort du héros, dont ils soulignent les cruautés et les folies. Un récit romancé, parfois fantaisiste, qui pèche par ses erreurs géographiques et son dédain de la chronologie, mais captive par son sens du pittoresque et de l'exotisme et son goût pour le merveilleux.

Stace (45-*c*. 96 apr. J.-C.)

Auteur fécond, « le plus hellène des poètes latins » est surtout connu pour sa *Thébaïde* : cette épopée en douze chants, qu'il mit douze ans à composer, relate la lutte de Polynice pour reprendre le trône de Thèbes détenu par son frère Étéocle. La *Thébaïde* se caractérise par son sens dramatique, son goût de l'hyperbole et du macabre. Racine était un fervent admirateur de Stace, tout comme Dante avant lui, qui le fait apparaître aux chants XXI et XXII de son *Purgatoire*.

Suétone (*c.* 70-122 apr. J.-C.)

Chevalier et ami de Pline le Jeune, il fut d'abord avocat, puis secrétaire au palais de l'empereur Hadrien, ce qui lui permit de « fureter » dans les archives impériales. Auteur prolifique, il est surtout célèbre pour ses *Vies des douze Césars*, un recueil de biographies des empereurs romains, de Jules César à Domitien, qui ont donné leur *pedigree* à la « petite histoire ». Il y privilégie de fait une conception anecdotique de l'Histoire, collectionnant les petits détails précis, parfois scabreux (les « ragots » au dire des méchantes langues), consignant les faits et gestes des empereurs, comme révélateurs d'une personnalité : derrière les hommes d'État nous découvrons ainsi des hommes dans leur singularité, avec leurs vices et leurs passions. Ses *Vies* deviendront un modèle du genre pour les biographes du Moyen Âge.

Tacite (*c.* 55/57-*c.* 116/120 apr. J.-C.)

Orateur brillant et réputé, « le plus grand peintre de l'Antiquité » selon Racine, a d'abord été un homme politique et, comme son ami Pline le Jeune, gouverneur de province, avant de se consacrer à l'histoire. On lui doit notamment *La Germanie*, une description des différentes tribus vivant au nord du Rhin et du Danube, mais surtout l'un de ses deux chefs-d'œuvre, les *Annales*, embrassant les années 14-68, depuis la mort d'Auguste jusqu'à la mort de Néron. En quelque cinquante meurtres, Tacite y dépeint le règne constant de la terreur et de la mort. Son écriture, toujours à la recherche de l'expressivité et de la densité, sert tout particulièrement le récit de ces périodes sombres ou violentes et de leurs personnages tourmentés. Par son économie de moyens, le texte de Tacite atteint à une remarquable intensité dans le sublime de l'horreur, au point que l'on a pu parler, à son sujet, de « baroque funèbre ». Ignoré au Moyen Âge, très admiré à partir de la fin de la Renaissance, il a nourri la pensée et l'écriture de dramaturges, penseurs politiques et moralistes.

Théophraste (*c.* 370-286 av. J.-C.)

Philosophe grec, « le Divin Parleur » est le plus connu des élèves d'Aristote, à qui il succéda à la tête du Lycée, à Athènes. Son œuvre gigantesque (plus de 240 titres selon les Anciens !) embrassait tous les domaines du savoir, mais il n'en subsiste plus que quatre titres, dont les *Caractères*. Il s'agit d'un petit recueil de 31 portraits où l'auteur passe en revue avec esprit et finesse les défauts humains les plus universels. Peut-être conçus comme des monologues divertissants destinés à la scène ou au barreau, plutôt que comme des études morales à la manière d'Aristote, ils furent très populaires aux XVIIe et XVIIIe siècles et ont notamment inspiré La Fontaine et La Bruyère dans l'œuvre du même nom.

Valère Maxime (Ier siècle apr. J.-C.)

Il ne nous reste de Valère Maxime qu'un recueil de *Faits et dits mémorables* en neuf livres. C'est un répertoire de petits faits historiques et de curiosités touchant à la civilisation romaine, envisagés sous l'angle moral. Piété, courage, constance, amitié, pudeur, désintéressement, et leurs contraires, sous ces rubriques générales, 95 en tout, Valère Maxime compile anecdotes et historiettes, qu'il divise en deux classes : les Romains, les étrangers. Son recueil ne manque pas d'intérêt ni d'utilité pour nous parce qu'il contient nombre d'événements oubliés que l'on ne retrouve nulle part ailleurs, mais son style est médiocre, à la fois obscur et prétentieux. Érasme disait d'ailleurs de lui qu'il « ressemblait à Cicéron comme un mulet ressemble à un homme ».

Valérius Flaccus (Ier siècle apr. J.-C.)

Valérius Flaccus n'aura pas vécu assez longtemps pour achever son poème des *Argonautiques* qui s'interrompt brusquement, au livre VIII. Le sujet en est la conquête de la Toison d'or par Jason et ses compagnons. Il avait déjà été traité en quatre livres par Apollonios de Rhodes, qui a servi de modèle au poète latin, mais le ton en est plus pathétique, et Valérius Flaccus donne à ses héros une dignité toute romaine. L'influence de Virgile en particulier est si sensible dans son œuvre qu'on a pu la qualifier de « néo-classique ».

Venance Fortunat (*c*. 530-600 apr. J.-C.)

Poète vagabond, ce « troubadour avant l'heure » venu en pèlerinage sur la tombe de saint Martin à Tours, se fixe à Poitiers, y devient prêtre, puis confident de sainte Radegonde, la veuve de Clotaire Ier, et finalement évêque. D'une extraordinaire fécondité littéraire, il a passé sa vie à trousser des vers, accumulant au gré des circonstances panégyriques et épithalames, épîtres et épigrammes, hymnes et épitaphes. Il en est résulté douze livres de *Poèmes* ou *Mélanges*, d'inspiration tantôt laïque, tantôt religieuse. Mais il est surtout resté célèbre pour *La Vie de saint Martin*, une épopée hagiographique en quatre chants, où il narre la vie et les miracles de son héros favori, qui est aussi celui de toute la chrétienté occidentale. S'il est classique par sa forme, Venance Fortunat appartient déjà au monde médiéval par sa mentalité.

Virgile (70-19 av. J.-C.)

Si Homère devait avoir un double latin, ce serait Virgile, tant son œuvre a été célébrée, autant par les Anciens que par les générations suivantes. Animé d'un « souffle vraiment divin » selon Claudel, « le cygne de Mantoue » a été le poète du prince autant que le prince des poètes. Toutefois, ce poète de cour est un poète de génie. Désireux de chanter la gloire d'Auguste, il a l'idée de ne pas célébrer directement ses exploits, mais d'entreprendre une

épopée propre à flatter tant le prince que l'orgueil national : l'*Énéide* relate les exploits d'Énée, chef troyen, fils
de Vénus et ancêtre mythique de la famille d'Auguste et
du peuple romain. Un réseau complexe d'allusions à la
destinée future du peuple romain assure le lien entre le
récit fabuleux des origines et l'histoire contemporaine.
C'est ainsi que les Romains ont pu rivaliser avec les glorieux héros grecs. Insatisfait de son œuvre, Virgile avait
demandé à Varron de la jeter dans les flammes s'il venait
à mourir. Bravant la volonté du poète mort brusquement
d'une insolation, Auguste en ordonna la publication. Dès
lors, l'épopée nationale fut considérée comme un véritable abrégé du savoir humain et le modèle de la grande
poésie, louée tant par les païens que par les chrétiens
pour la plus grande gloire de Rome.

Xénophon d'Éphèse (IIe ou IIIe siècle apr. J.-C.)

De Xénophon d'Éphèse il nous reste un roman, *Les
Éphésiaques* ou *Le Roman d'Habrocomès et d'Anthia*, histoire
édifiante de deux jeunes gens d'une égale et parfaite
beauté, éprouvant l'un pour l'autre un amour aussi tendre que violent, et soucieux de respecter la fidélité qu'ils
se sont jurée, quelles que soient les circonstances. On les
unit et on les embarque pour un long voyage, mais toutes
sortes d'embûches les attendent : pirates, brigands, marchands d'esclaves viennent tourmenter les deux héros,
tandis que les séparations et les tentations mettent à
l'épreuve leur fidélité. Séparés l'un de l'autre et se cherchant toujours, ils courent sans cesse danger de mort,
aimant mieux périr que de trahir leur foi et, jusque dans
les pires extrémités, se voulant garder purs l'un à l'autre.
Leur vertu obstinée, soutenue par les dieux helléniques
et égyptiens, finira par triompher de tous les obstacles.

Zosime (Ve siècle apr. J.-C.)

Avocat du fisc à Constantinople, le païen Zosime
est l'auteur d'une *Histoire nouvelle* de l'Empire romain,
d'Auguste à la prise de Rome par Alaric en 410, en

quatre livres. Si l'historien Polybe « avait exposé comment les Romains ont fondé leur empire en peu de temps », Zosime, lui, va raconter « comment ils le détruisirent rapidement par leur folle présomption » (I, 57, 1). Très attaché au paganisme, il présente le déclin de Rome comme un châtiment lié à l'abandon des anciens dieux et des croyances traditionnelles auxquelles les Romains devaient depuis si longtemps leur gloire et leur prospérité. Voilà pourquoi il fait la part belle aux signes divins : foudre, tremblements de terre, rêves et oracles, prodiges surnaturels annonçant les maux à venir. Un témoignage incomparable sur la fin de l'Antiquité romaine, qui complète précieusement l'histoire d'Ammien Marcellin, lui aussi païen et d'origine grecque.

POUR ALLER PLUS LOIN

SOURCES

Nota bene. L'abréviation « CUF » désigne la Collection des universités de France, publiée à Paris par Les Belles Lettres.

ACHILLE TATIUS
Le Roman de Leucippé et Clitophon, texte établi et traduit par J.-Ph. Garnaud, « CUF », (1991) 2002.

ANONYME
Passion de Perpétue et de Félicité. Suivi des *Actes,* traduction nouvelle de C. Schneider, d'après le texte établi par J. Amat, Les Éditions du Cerf, « Sources chrétiennes » n° 417, Paris, 1996.
Tablette magique d'Haouârah, texte traduit par M. Martin, *Sois maudit ! Malédictions et envoûtements dans l'Antiquité,* Éditions Errance, Paris, 2010, p. 127.

ANTHOLOGIE GRECQUE
Anthologie palatine, tome VII : Livre IX. Épigrammes 1-358, texte établi par P. Waltz et traduit par G. Soury, « CUF », (1957) 2002.

ANTONINUS LIBERALIS
Les Métamorphoses, texte établi et traduit par M. Papathomopoulos, « CUF », (1968) 2002.

APULÉE
Les Métamorphoses ou l'Âne d'or, texte traduit par O. Sers, Les Belles Lettres, « Classiques en poche », Paris, 2007.

Opuscules philosophiques. Fragments, texte établi et traduit par J. Beaujeu, « CUF », (1973) 2002.

ARISTOPHANE
Comédies, tome IV : *Les Thesmophories. Les Grenouilles,* traduction nouvelle de C. Schneider, d'après le texte établi par V. Coulon, « CUF », (1928) 2002.

CICÉRON
De la divination, texte traduit par G. Freyburger et J. Scheid, Les Belles Lettres, « La Roue à Livres », Paris, 1992.

CONSTANCE DE LYON
Vie de saint Germain d'Auxerre, traduction nouvelle de C. Schneider, d'après le texte établi par R. Borius, Les Éditions du Cerf, « Sources chrétiennes » n° 112, Paris, 1965.

CYPRIEN (SAINT)
Correspondance, tome II : Lettres XL-LXXXXI, texte établi et traduit par L. Bayard, « CUF », (1925) 2002.

ÉLIEN
La Personnalité des animaux, tome II : Livres X à XVII, texte traduit par A. Zucker, Les Belles Lettres, « La Roue à Livres », Paris, 2002.

ESCHYLE
Tragédies, tome II : *Agamemnon. Les Choéphores. Les Euménides,* texte établi et traduit par P. Mazon, « CUF », (1925 ; 1935) 2002.

EURIPIDE
Tragédies, tome II : *Hippolyte. Andromaque. Hécube,* texte établi et traduit par L. Méridier, « CUF », (1927) 2003.

Flavius Josèphe
La Guerre des Juifs, traduction nouvelle de C. Schneider, d'après le texte établi par I. Bekker et S. A. Naber, *Flavii Iosephi opera omnia*, tome VI, In aedibus B. G. Teubneri, « Bibliotheca Teubneriana », Leipzig, 1896.

Grégoire le Grand
Dialogues, tome II : Livres I-III, traduction nouvelle de C. Schneider, d'après le texte établi par A. de Vogüé et P. Antin, Les Éditions du Cerf, « Sources chrétiennes » n° 456, Paris, (1979) 2006.

Héliodore
Les Éthiopiques. Théagène et Chariclée, tome II : Livres IV-VII, texte établi par R. M. Rattenbury et T. W. Lumb, traduit par J. Maillon, « CUF », (1938 ; 1960) 2003.

Hérodote
Histoires, tome I : Livre I. *Clio*, traduction nouvelle de C. Schneider, d'après le texte établi par Ph.-E. Legrand, « CUF », (1932) 2003.
– tome IV : Livre IV. *Melpomène*, texte établi et traduit par Ph.-E. Legrand, « CUF », (1945) 2003.
– tome V : Livre V. *Terpsichore*, texte établi et traduit par Ph.-E. Legrand, « CUF », (1946) 2003.
– tome VI : Livre VI. *Érato*, texte établi et traduit par Ph.-E. Legrand, « CUF », (1948) 2003.
– tome VIII : Livre VIII. *Uranie*, texte établi et traduit par Ph.-E. Legrand, « CUF », (1953) 2003.

Hésiode
Théogonie. Les Travaux et les Jours. Bouclier, texte établi et traduit par P. Mazon, « CUF », (1928) 2002.

Histoire Auguste
Tome V, 1ʳᵉ partie : *Vies d'Aurélien et de Tacite*, traduction nouvelle de C. Schneider, d'après le texte établi par F. Paschoud, « CUF », (1996) 2002.

HOMÈRE

Iliade, tome IV : Chants XIX-XXIV, texte établi et traduit par P. Mazon, « CUF », (1927-1938) 2002.

L'Odyssée, tome II : Chants VIII-XV, texte établi et traduit par V. Bérard, « CUF », (1924) 2002.

– tome III : Chants XVI-XXIV, texte établi et traduit par V. Bérard, « CUF », (1924 ; 1956) 2002.

JAMBLIQUE

Vie de Pythagore, texte traduit par L. Brisson et A. Ph. Segonds, Les Belles Lettres, « La Roue à Livres », Paris, 1996.

JÉRÔME (SAINT)

Correspondance, tome V : Lettres XCVI-CIX, texte établi et traduit par J. Labourt, « CUF », (1955) 2003.

LUCAIN

La Guerre civile (La Pharsale), tome I : Livres I-V, texte établi et traduit par A. Bourgery, « CUF », (1927) 2003.

– tome II : Livres VI-X, texte établi et traduit par A. Bourgery et M. Ponchont, « CUF », (1930) 2003.

LUCIEN

Comédies humaines, textes traduits par A.-M. Ozanam, Les Belles Lettres, « Classiques en poche », Paris, 2010.

Portraits de philosophes, textes traduits par A.-M. Ozanam et J. Bompaire, Les Belles Lettres, « Classiques en poche », Paris, 2008.

Voyages extraordinaires, textes établis et traduits par J. Bompaire et A.-M. Ozanam, Les Belles Lettres, « Classiques en poche », Paris, 2009.

MACROBE

Commentaire au Songe de Scipion, tome I : Livre I, texte établi et traduit par M. Armisen-Marchetti, « CUF », (2001) 2003.

Les Saturnales. Livres I-III, texte traduit par Ch. Guittard, Les Belles Lettres, « La Roue à Livres », Paris, 1997.

NAZARIUS

Panégyriques latins, tome II : Panégyriques VI-X. *Panégyrique de Maximien et Constantin* (307). *Panégyrique de Constantin* (310). *Discours de remerciement à Constantin* (312). *Panégyrique de Constantin* (313). *Panégyrique de Constantin par Nazarius* (321), texte établi et traduit par E. Galletier, « CUF », (1952) 2003.

OVIDE

Contre Ibis, texte établi et traduit par J. André, « CUF », (1963) 2003.

Les Fastes, tome I : Livres I-III, texte établi, traduit et commenté par R. Schilling, « CUF », (1993) 2003.

– tome II : Livres IV-VI, texte établi, traduit et commenté par R. Schilling, « CUF », (1993) 2003.

Les Métamorphoses, texte établi par G. Lafaye et traduit par O. Sers, Les Belles Lettres, « Classiques en poche », Paris, 2009.

PAUSANIAS

Description de la Grèce, tome I : Introduction générale. Livre I. *L'Attique,* texte établi par M. Casevitz, traduit par J. Pouilloux et commenté par F. Chamoux, « CUF », (1992) 2002.

– tome VI : Livre VI. *L'Élide (II),* texte établi par M. Casevitz, traduit par J. Pouilloux et commenté par A. Jacquemin, « CUF », 2002.

PÉTRONE

Satiricon, texte établi et traduit par O. Sers, Les Belles Lettres, « Classiques en poche », Paris, (2001) 2006.

PHILOSTRATE

Vie d'Apollonios de Tyane, traduction nouvelle de C. Schneider, d'après le texte établi par C. P. Jones,

Philostratus, Apollonios of Tyana, Harvard University Press, « Loeb Classical Library », Cambridge, Mass.-Londres, 2008.

PHLÉGON DE TRALLES
Le Livre des merveilles, chapitre I, traduction inédite de C. Schneider, d'après le texte établi par A. Stramaglia, *Phlegontis Tralliani opuscula* De rebus mirabilibus *et* De longaevis, De Gruyter, « Bibliotheca Teubneriana », Berlin-New York, 2011.

Le Livre des merveilles, chapitres II-III, traduction de L. Brisson, *Le Sexe incertain. Androgynie et hermaphrodisme dans l'Antiquité gréco-romaine*, Les Belles Lettres, « Vérité des mythes », Paris, 1997.

PHOTIUS
Bibliothèque, tome VI : Codices 242-245, texte établi et traduit par R. Henry, « CUF », (1971) 2003.

PLAUTE
Comédies, tome V : *Mostellaria. Persa. Poenulus*, texte établi et traduit par A. Ernout, « CUF », (1938) 2003.

PLINE L'ANCIEN
Histoire naturelle, Livre VII. (De l'homme), texte établi, traduit et commenté par R. Schilling, « CUF », (1977) 2003.

– Livre XXV. (Nature des plantes naissant spontanément et des plantes découvertes par les hommes), texte établi, traduit et commenté par J. André, « CUF », (1974) 2003.

– Livre XXVII. (Remèdes par espèces), texte établi, traduit et commenté par A. Ernout, « CUF », (1959) 2003.

– Livre XXVIII. (Remèdes tirés des animaux), texte établi, traduit et commenté par A. Ernout, « CUF », (1962) 2003.

– Livre XXX. (Remèdes tirés des animaux), texte établi, traduit et commenté par A. Ernout, « CUF », (1963) 2003.

PLINE LE JEUNE

Lettres, tome II : Livres IV-VI, texte établi et traduit par A.-M. Guillemin, « CUF », (1927) 2002.

– tome III : Livres VII-IX, texte établi et traduit par A.-M. Guillemin, « CUF », (1928) 2003.

PLUTARQUE

Œuvres morales, tome VI : Traités 24-26. *Dialogues pythiques*, texte établi et traduit par R. Flacelière, « CUF », (1974) 2003.

– tome VII : Traités 37-41. *De l'amour des richesses. De la fausse honte. De l'envie et de la haine. Comment se louer soi-même sans exciter l'envie. Sur les délais de la justice divine*, texte établi et traduit par R. Klaerr et Y. Vernière, « CUF », (1974) 2003.

– tome VIII : Traités 42-45. *Du destin. Le Démon de Socrate. De l'exil. Consolation à sa femme*, texte établi et traduit par J. Hani, « CUF », (1980) 2003.

– tome X : Traités 47-48. *Dialogue sur l'amour. Histoires d'amour*, texte établi et traduit par R. Flacelière et M. Cuvigny, « CUF », (1980) 2003.

Vies, tome II : *Solon-Publicola. Thémistocle-Camille*, texte établi et traduit par R. Flacelière et E. Chambry, « CUF », (1961) 2003.

– tome IV : *Timoléon - Paul Émile. Pélopidas-Marcellus*, texte établi et traduit par R. Flacelière et E. Chambry, « CUF », (1967) 2003.

– tome VII : *Cimon-Lucullus. Nicias-Crassus*, texte établi et traduit par R. Flacelière et E. Chambry, « CUF », (1972) 2003.

– tome XIV : *Dion-Brutus*, texte établi et traduit par R. Flacelière et E. Chambry, « CUF », (1978) 2003.

POMPONIUS MELA

Chorographie, texte établi et traduit par A. Silberman, « CUF », (1988) 2003.

PROCOPE
Histoire secrète, texte traduit par P. Maraval, Les Belles Lettres, « La Roue à Livres », Paris, (1990) 2009.

PRUDENCE
Tome I : *Cathemerinon Liber* (« Livre d'heures »), texte établi et traduit par M. Lavarenne, « CUF », (1944) 2003.
Tome II : *Apotheosis* (« Traité de la nature de Dieu »). *Hamartigenia* (« De l'origine du mal »), texte établi et traduit par M. Lavarenne, « CUF », (1961) 2003.
Tome IV : *Le Livre des couronnes. Dittochaeon. Épilogue,* texte établi et traduit par M. Lavarenne, « CUF », (1951) 2003.

QUINTE CURCE
Histoires, tome II : Livres VII-X, texte établi et traduit par H. Bardon, « CUF », (1948) 2003.

STACE
Thébaïde, tome I : Livres I-IV, texte établi et traduit par R. Lesueur, « CUF », (1990) 2003.

SUÉTONE
Vies des douze Césars, tome I : *César. Auguste*, texte établi et traduit par H. Ailloud, « CUF », (1931) 2002.
– tome II : *Tibère. Caligula. Claude. Néron,* texte établi et traduit par H. Ailloud, « CUF », (1931) 2002.
– tome III : *Galba. Othon. Vitellius. Vespasien. Titus. Domitien,* texte établi et traduit par H. Ailloud, « CUF », (1932 ; 1980) 2002.

TACITE
Annales, tome IV : Livres XIII-XVI, texte établi et traduit par P. Wuilleumier, « CUF », (1924) 2003.
La Germanie, texte établi et traduit par J. Perret, « CUF », (1949) 2003.

Théophraste
Caractères, texte établi et traduit par O. Navarre, « CUF », (1921) 2003.

Valère Maxime
Faits et dits mémorables, tome I : Livres i-iii, texte établi et traduit par R. Combès, « CUF », (1995) 2003.

Valérius Flaccus
Argonautiques, tome I : Chants i-iv, texte établi et traduit par G. Liberman, « CUF », (1997) 2003.

Venance Fortunat
Poèmes, tome II, texte établi et traduit par M. Reydellet, « CUF », (1998) 2003.
Œuvres, tome IV : *La Vie de saint Martin*, texte établi et traduit par S. Quesnel, « CUF », (1996) 2002.

Virgile
Énéide, tome II : Livres v-viii, texte établi et traduit par J. Perret, « CUF », (1936 ; 1978) 2002.

Xénophon d'Éphèse
Les Éphésiaques ou *Le Roman d'Habrocomès et d'Anthia*, texte établi et traduit par G. Dalmeyda, « CUF », (1926) 2003.

Zosime
Histoire nouvelle, tome I : Livres i et ii, texte établi et traduit par Fr. Paschoud, « CUF », (2000) 2003.
– tome II, 2ᵉ partie : Livre iv, texte établi et traduit par Fr. Paschoud, « CUF », (1979) 2003.

Suggestions bibliographiques

Mes remerciements les plus vifs vont à mes collègues Emmanuelle Sempère, spécialiste du fantastique dans la littérature du XVIIIe siècle à l'université de Strasbourg, qui m'a fait l'amitié de me relire, et Fabrice Poli, spécialiste de linguistique latine à l'université de Bourgogne, pour m'avoir soufflé le titre du volume, que je dédie à mon frère Laurent, en souvenir de nos lectures de jeunesse. La bibliographie en la matière étant pléthorique, elle se limite ici volontairement à une sélection de quelques titres essentiels portant sur l'Antiquité et le haut Moyen Âge.

AMAT J., *Songes et visions. L'au-delà dans la littérature latine tardive*, Études augustiniennes, Paris, 1985.

CAILLOIS R., *Les Démons de midi*, Fata Morgana, Paris, 1991.

CLERC J.-B., « *Homines magici* ». *Étude sur la sorcellerie et la magie dans la société romaine impériale*, Peter Lang Verlag, Berne-Berlin-Paris, 1995.

CUMONT F., *Lux perpetua*, Librairie orientaliste P. Geuthner, Paris, 1949.

DICKIE M. W., *Magic and Magicians in the Greco-Roman World*, Routledge, Londres-New York, 2001.

DODDS E. R., *Les Grecs et l'irrationnel*, traduit de l'anglais par M. Gibson, Éditions Aubier Montaigne, Paris, 1965.

—, « Supernormal Phenomena in Classical Antiquity », *Proceedings of the Society for Psychical Research*, 55, 1971, p. 189-237.

FESTUGIÈRE A. J., *La révélation d'Hermès Trismégiste*, Nouvelle édition revue, corrigée et augmentée d'index, Les Belles Lettres, Paris, 2000.

GAGER J. G., *Curse Tablets and Binding Spells from the Ancient World*, Oxford University Press, Oxford, 1992.

GRAF F., *La Magie dans l'Antiquité gréco-romaine. Idéologie et pratique*, Les Belles Lettres, Paris, 1994.

JACOBSEN J.-P., *Les Mânes*, I. *Les Morts et la Vie humaine* ; II. *Le Héros, le « Genius » et les Mânes*, traduit du danois par E. Philipot, Honoré Champion, Paris, 1924.

JOBBÉ-DUVAL E., *Les Morts malfaisants : « larvae, lemures »*, *d'après le droit et les croyances populaires des Romains*, Librairie du Recueil Sirey, Paris, 1924.

ILES JOHNSTON S., *Restless Dead. Encounters between the Living and the Dead in Ancient Greek*, University of California Press, Berkeley-Los Angeles-Londres, 1999.

LECOUTEUX C., *Fantômes et revenants au Moyen Âge*, Éditions Imago, Paris, 1986.
—, *Fées, sorcières et loups-garous au Moyen Âge. Histoire du double*, Éditions Imago, Paris, 1992.
—, *Au-delà du merveilleux. Essai sur les mentalités au Moyen Âge*, Presses de l'université de Paris-Sorbonne, Paris, 1998.

MARTIN M., *Sois maudit ! Malédictions et envoûtements dans l'Antiquité*, Éditions Errance, Paris, 2010.

NOIREZ J., *Encyclopédie des fantômes et des fantasmes*, Éditions de l'Oxymore, Montpellier, 2005.

OGDEN D., *Greek and Roman Necromancy*, Princeton University Press, Princeton-Oxford, 2001.

—, *Magic, Witchcraft, and Ghosts in the Greek and Roman Worlds. A Sourcebook*, Oxford University Press, Oxford, 2002.

—, *Night's Black Agents: Witches, Wizards, and the Dead in the Ancient World*, Hambledon Continuum, Londres-New York, 2008.

ROHDE E., *Psyché, le culte de l'âme chez les Grecs et leur croyance à l'immortalité*, traduit de l'allemand par A. Reymond, Payot, Paris, 1928.

SCHMITT J.-C., *Les Revenants. Les vivants et les morts dans la société médiévale*, Gallimard, Paris, 1994.

SMITH J. Z., « Towards Interpreting Demonic Powers in Hellenistic and Roman Antiquity », *Aufstieg und Niedergang der Römischen Welt*, II,16,1, 1978, p. 425-439.

STRAMAGLIA A., *Res inauditae, incredulae. Storie di fantasmi nel mondo greco-latino*, Levante, Bari, 1999.

TUPET A.-M., *La Magie dans la poésie latine*, I. *Des origines à la fin du règne d'Auguste*, Les Belles Lettres, Paris, 1976.

INDEX DES AUTEURS ET DES ŒUVRES

TABLE DES MATIÈRES

Ce volume,
le quartorzième
de la collection « Signets »,
publié aux Éditions Les Belles Lettres,
a été achevé d'imprimer
en février 2011
sur les presses
de la Nouvelle Imprimerie Laballery,
58500 Clamecy, France